日中の壁

日中ジャーナリスト交流会議【編】

築地書館

もくじ

第4章　日中共生の道　145

序章

日中ジャーナリスト交流会議が挑む壁

田原総一朗

二〇〇五年八月、私は請われて香港のフェニックステレビに出演した。外交評論家の岡本行夫氏と二人で、中国の学者、ジャーナリスト二人とディスカッションしたのである。

当時、小泉純一郎首相が靖国神社に参拝したことで、日中関係はこじれていた。

フェニックステレビは、悪化している中国と日本との関係を改善しようとして、日中のディスカッション番組を企画したわけだが、私たちはテレビ局で、番組に先立って行われた中国ジャーナリストたちとの記者会見で、いろいろ厳しい質問を浴びた。

「小泉首相がA級戦犯を祀っている靖国参拝をくり返しているのは、中国侵略の事実を抹殺、軍事大国化を図っているのではないか」「扶桑社の歴史教科書には南京大虐殺のことが全く削除されているが、一体どういう魂胆なのか」「日本では中国を侵略したという歴史認識がどうなっているのか」

私たちはその一つひとつにできる限り誠意をこめて答えた。

小泉首相が靖国神社に参拝をしたことは日本国内でも問題となっている。

その小泉首相も日中戦争や太平洋戦争は間違った戦争だと言っている。そして、A級戦犯に当然、戦争責任があると言っている。

日本人は、日本を軍事大国にしようとは思っていない。憲法を改正するつもりもない。

さらに、私は質問が出ることを予感して、扶桑社の歴史教科書を持参していた。その教科書を見せて、この教科書を読んだ人はいるか、と問うた。誰も読んではいなかった。

そこで、私は、日中戦争、そして南京事件の箇所を読んで聞かせた。削除などはされていなかった。

中国では、すべて削除しているという誤った情報が広がっていたわけだ。

また、「日本では、日本の戦争は正しかったという意見が氾濫している」と批判されたが、私は、そのようなことはごく一部の人間が言っているだけだと説明した。

こうした記者会見、そしてテレビのディスカッションのなかでも、中国側にかなり誤解があると感じた。もちろん日本人の間でも中国に対する曲解、誤解は少なからずある。中国が日本を属国化しようと狙っている。日本の土地を買い占めようとしている。中国は言論の自由が全くない独裁国家である。

だが、日本は過去にいまわしい出来事があるだけに、なおのこと中国とは仲良くすべきであり、そのためにはコミュニケーションを重ねて交流を深めなければならないと強く感じた。

私は、帰国してから、そのことを親しくしていた駐日大使の王毅《おうき》氏と話し合い、王毅氏も共感してくれた。彼のほうから、日中両国のジャーナリストたちのコミュニケーションを深める機会をつくろうと提案したのである。

私は、この段階で親しい人々にこの話をした。王毅氏も中国の国務院新聞弁公室の主任（閣僚）である趙《ちょう》啓正《けいせい》氏に、日中の定期的なコミュニケーションの場をつくることを提案し、趙啓正氏も大いにのった。

一方、日本側でもテレビ朝日の会長だった広瀬道貞氏と電通の成田豊氏が代表になる形で、体制がつくられた。日中ジャーナリスト交流会議がスタートすることになったのであった。

もちろん、そのために電通とテレビ朝日の各部署のスタッフがたいへん苦労し、労力を積み重ねた。何も

2007 年 11 月、東京で開かれた第 1 回日中ジャーナリスト交流会議。正面は日本側参加者、左端は座長の田原総一朗氏（撮影：実行委員会）

ないところに、しかも日中と二つの国の間で、こうした体制をつくるのは想像のつかぬ困難がつきまとう。大勢の人々が頑張りに頑張った。ＮＨＫや共同通信、全日空など少なからぬ企業がたいへんな協力をしてくれた。

実は、私は王毅氏や趙啓正氏と話をしたのだが、こうした困難がつきまとった作業にはほとんどかかわっていない。また、私がかかわったら、日中ジャーナリスト交流会議は実現していなかったはずである。

定期的なディスカッションの機会を設けるならば、主体になるのはジャーナリストがよい、そして日本と中国の都市で年に各一回ずつ行うことにしよう。メンバーは日本と中国それぞれ八人ずつぐらいがよいのではないか。こういう段取りもテレビ朝日と電通のスタッフの皆さんがやってくれた。

この過程で、私は趙啓正氏と二度話をした。彼と会うと、お互いが抱きしめて信頼感を確かめ合う。心から日中関係が強まり、深まることを願っている。彼が頑張ったからこそ中国側の体制づくりが思いのほか早く進んだのであった。

最初の交流会、つまり日本と中国のジャーナリスト八人ずつによるディスカッションは、二〇〇七年一一月二六日から二日間、東京のＮＨＫ千代田放送会館で行われた。

日本側出席者

田原総一朗（ジャーナリスト、「サンデープロジェクト」キャスター）、影山日出夫（ＮＨＫ解説委員、「日曜討論」司会者）、黒岩祐治（フジテレビ解説委員、「報道２００１」キャスター）、加藤千洋（朝日新聞編集委員、「報道ステーション」コメンテーター）、藤野彰（読売新聞編集委員）、秋田浩之（日本経済新聞政治部次長兼編集委員）、中川潔（共同通信社外信部担当部長）

中国側出席者

劉北憲（中国新聞社常務副社長、編集長）、陳小川（中国青年報編集長）、何加正（人民網総裁）、王大軍（新華社国際部編集委員、中日新聞事業促進会副会長）、白岩松（中国中央電視台キャスター）、黄海波（フェニックスＴＶ特集総監、キャスター）、王衆一（人民中国編集長）、呉垠《ごぎん》（零点研究諮詢グループ副総裁）

日本側のメンバーのなかには、中国のジャーナリストと本当にディスカッションができるのか、建前だけの話し合いにしかならないのではないかと危惧する人物が少なくなかった。私自身にも、その危惧はあった。

実は、私は、一九八六年から五年間、日本と米国のジャーナリストたちでディスカッションを続けた体験がある。東京とワシントン、あるいは鎌倉とニューヨークなどで行った。事務局は、ジャパンソサエティで、交通費、ホテル代などの費用を捻出してくれた。ディスカッションは日米同時通訳つきであった。

レーガン、中曽根政権下で、日米経済摩擦の最中であった。米国側は、「日本が輸出ばかりして、米国からの輸出に関しては極端に閉鎖的だ」と主張し、私たちは「閉鎖的ではない、自動車や家電など米国の製品については魅力がなくて日本人の多くが買う意欲が生じないのだ。パソコンソフトやマイクロプロセッサなどＩＴ関連製品はずいぶん輸入しているはずだ」と反論した。

当然ながら米国のジャーナリストたちとはホンネで議論ができた。米国側は、日本の安全保障体制の曖昧さ、そして米国への依存が強すぎる点について鋭く批判し、この点では私たちはたじたじとなった。

日米のディスカッションで、私は二つの発見をした。当時、米国ではクリントン大統領と若い女性との関係が一種のスキャンダルになりかけていた。

その点について、米国側ジャーナリストたちは、「あきらかにスキャンダルである。そこでわれわれインテリがいかに激しく批判しても一般大衆はのってこない。大統領の支持率が五〇％を割らないのだ」と、いかにも残念そうに言った。

私は、ジャーナリストたちが自分たちのことを「インテリ」だと躊躇なく言い、彼らの報道の受け手を「一般大衆」と、これまた躊躇なく言ったことは、一種のカルチャーショックであった。私は自分たちのことを躊躇なく「インテリ」とは言わないからである。後になって、自らを「インテリ」と言わない私たちはごまかしているのでは⁉　とさえ感じた。

もう一つは、米国のジャーナリストたちに「個人として政治家に献金しているか」と問うと、全員が躊躇なく「イエス」と答えた。日本側のジャーナリストたちに問うと、誰もが躊躇なく「ノー」であった。実は、私はこのとき、帰国してから、政治家への個人献金を行うことに決めたのである。

日米ジャーナリストのディスカッションは、日本のバブルがはじけ、失われた二〇年に入って終わった。ジャパンソサエティによると、日本の経済力が衰えたために米国側が日本への興味を失ってしまったのだという。

話を日中ジャーナリスト交流会議に戻す。

私は、中国のジャーナリストと本気のディスカッションができるかどうか、少なからず不安だった。中国が、言論・表現について日本とはかなり事情が違うことはわかっていた。政党が実質的に中国共産党一党しかない。日本や、米・英・仏・独国などの民主主義国家とは異なり、政党間の審議をしないこともわかっていた。それにこれまで、学者やジャーナリストが中国との間で行ったディスカッションでは、タテマエ以上に踏み込めていないということも聞いていた。

私は、スタッフの人々やディスカッションに参加する複数のメンバーと話をして、途中で破綻するかもしれないが本気のディスカッションをしようと決意した。中国の人々と本当にわかりあえる関係になりたいと考えている。タテマエのディスカッションを何度重ねても、本当にわかりあえる関係にはなれない。信頼や友情などというものは生まれない。

私は、地球上のどんな国の人物とも、とことん話しあえば理解しあえると、五〇年以上のジャーナリスト生活のなかで確信している。

これまで、四〇カ国以上の、確実に五〇〇〇人以上の人々とホンネでディスカッションして、米国、イギリス、ドイツなどはもちろん、韓国、イランやイラク、北朝鮮でもわかりあえなかったことはない。

だから、一度や二度、中国側が怒ってディスカッションを中断し、困惑する事態が生じたとしても、タテマエのディスカッションよりは実りがある。私が覚悟を決めたのは、本気のディスカッションをすることで中国側が怒ったとしても、それは日中両国のスタッフを裏切ることにはならない、というひそかな自信もあったからである。

二〇〇七年一一月二六日。東京で一回目のディスカッションがスタートした。一回につき約四時間、午前と午後、それを同時通訳付きで二日間続けるのである。

最初のディスカッションは、私が進行役を務めた。

ホンネのディスカッションといっても、初めて顔を見せ合ったわけで、お互いに相手が何を考え、この交流会議にどのような姿勢で臨んでいるのか全くわからない。

福田康夫首相の時期で、小泉内閣では日中関係が悪化していたが、安倍晋三首相は就任すると直後に中国へ飛んで、胡錦濤《こきんとう》国家主席と会談し、その後、温家宝《おんかほう》首相が来日して「中日間の氷をとかすために日本にやってきたのだ」とスピーチした。つまり、この時期の日中関係はずいぶん改善されていたのである。

だが、当初は日本側と中国側の主張がなかなか噛みあわず、ギクシャクした議論を重ねた。日本のジャーナリストたちが現実に切り込もうとしているのに対して、中国のジャーナリストたちは、社会のあるべき姿、いわば理想について語ろうとしているのが、掴めてきた。

とくにそもそもの国の政治について、日本側は厳しく捉え、政治の欠陥、矛盾について容赦なく批判するのに対して、中国側は、彼らが願う政治のあり方を私たちに説明しようとした。

福田首相は、自分の手で何とか北朝鮮の拉致問題を決着させようと努力しており、私は、少なからぬ日本人を拉致している北朝鮮について中国側ジャーナリストたちの意見を聞きたいと思ったのだが、彼らは北朝鮮だけではなく、外交ということにほとんど関心を示さなかった。

私は噛み合わないディスカッションに、しだいに苛立ってきた。

そこで、危ないかな、とは思ったのだが、飛躍を承知で聞いてしまった。

日本は景気が芳しくないのに対して、中国の経済はすこぶる好調のようです。そこで聞きたい。中国では、経済が自由化されて、社会主義時代とは違って競争も自由に行われている。ところが政治の方は、中国共産党一党が仕切っていて、こちらには競争というものがない。野党もなくて、日本や米国のような政党間の論争もないようだ。経済は自由化されているが、政治は自由化されていない。この矛盾をあなた方ジャーナリストはどのように捉えているのですか。

すると、中国側ジャーナリストたちの間に緊張が走り、一人が「なぜこんなことまで討論しなければならないのか」と怒り声を発し、「やめにしようか」という声まで出た。

私はもちろんあわてた。日本側のジャーナリストたちが懸命にとりなしてくれて、その場は何とかおさまった。ジャーナリストたちや日中両国のスタッフにはすまないと強く感じ、それとともに感謝している。

だが、二度、三度とディスカッションをくり返す間に、中国側のジャーナリストたちの姿勢は、あきらかに大きく変わってきた。

北京オリンピックが行われた二〇〇八年、北京でディスカッションをしたときのことだ。

ヨーロッパの国々で、チベットに共鳴していると思われる人間たちが、複数回、聖火ランナーを妨害する出来事が起きた。世界各国で、中国がチベットに不当な圧力をかけて押さえ込んでいることが問題となり、日本でも不当な圧力についてさまざまに報じられていた。

日中ジャーナリストのディスカッションで、そのことが話題になると、中国側のジャーナリストの一人が、世界の国々のチベットについての報道が、いかにデタラメであるかを、写真や映像を使って訴えた。確かにあきらかな誤りが少なくなかった。

すると日本側のジャーナリストの一人が、北京で見る限り、テレビでも新聞でも、聖火ランナーをめぐるトラブルは一切報じていない。さらにCNNでも聖火ランナーのトラブルの場面にかかると画面が暗転して、何も映らなくなる。これはどういうことかと、指摘した。

それに対し、中国側のジャーナリストが「トラブルシーンを暗転させるなんて馬鹿げている。わざわざ不都合なシーンを隠していますと言っているようなものだ」と明解に言った。私は、その発言で、勇気があると感心し、中国側ジャーナリストたちが変わってきたという感触を得た。

そして、私は、外国メディアのチベット報道に誤りが多いのは、チベットを外国メディアに開放していないためであり、できるだけ早く開放すべきだと主張した。

すると、驚いたことに中国当局は、翌日外国メディアにチベット取材を許可したのである。もちろん、そのことを知って、中国についてのイメージを大きく変えざるを得なかった。

さらに、本気でチベット問題についてCCTVが、日本側三人と中国側三人による九〇分間討論番組を放送した。その番組は日本でも放送された。

二年前のディスカッションでは、中国側のジャーナリストの一人から「歴史認識」について新たな発言があった。従来は、中国対日本の交渉で、切り札として中国側は「歴史認識」という言葉を持ち出した。いうまでもなく、「日本が中国を侵略した」「南京大虐殺をどうとらえているのか」ということだ。

それは、以前は日本に比べて中国の立場は弱く、日本と対等に交渉するには「歴史認識」を持ち出さざるを得なかったのだ。しかし、今や自信がついた。だから今後は、日本との交渉で「歴史認識」は持ち出さない、ときっぱり言い切った。

そして二〇一一年の北京でのディスカッションで、再び中国の自由化された経済と、中国共産党一党が仕切っている政治の矛盾を問うと、中国側の一人のジャーナリストが、今度は怒ることなく、「政治の多党化という問題もあるが、とにかく共産党がいかに民主化され、言論・表現がいかに自由化されるかということが重要で、そのためにはわれわれジャーナリストたちが頑張らなければならないのです。政府のやり方に問題があれば、どんどん追及する、批判をする、すでに思い切ってやってはいるつもりですが」と落ち着いた口調で言った。

文字通り、当初とは大違いである。

中国が確実に変わった。中国のジャーナリストたちの話し方もずいぶん自由になった。それにしても、六回におよぶディスカッションで、中国側のジャーナリストたちの勇気、そして、頑張りにあらためて敬服した。

これまでのディスカッションで、私たちは中国のジャーナリストたちと心から信頼できる関係になった。会うと必ず強く抱き合った。気持ちが通じあっていることを確かめあうようになった。中国側も、私たち日本のジャーナリストのことをよくわかってくれたはずである。

せっかく、ここまで来た日中ジャーナリスト交流会議をまだまだ続けたいと思っている。

第1章　日中メディア摩擦

1　日中メディアの立ち位置のずれ

藤野　彰

初回から舌戦の火花

二〇〇七年秋、日中ジャーナリスト交流会議実行委員会から第一回会議への参加を打診された際、いくら「非公開」の会合とはいえ、日本とは違って厳しい言論統制のもとで活動している中国の記者たちとの間でどれだけ率直な対話が成り立つのか、そもそも歴史問題、尖閣諸島など難題をいくつも抱える微妙な日中関係や民主化、台湾、チベットといったような政治的問題について彼らがどこまで本音を語ることができるのか、かなり懐疑的な見通しを抱いた。

というのも、私の中国特派員時代の体験からいえば、中国の記者たちは一対一の個人的な交際の場ではどんな問題についても、けっこう自由に語ってくれるものの、公式的な場であるとか、多人数の対話の場とかでは、ある種の政治的な「鎧」を身にまとい、発言をぐんとトーンダウンさせるのがふつうだからである。これは、何も記者に限ったことではなく、中国の知識人全般の性向といえるかもしれない。さて、二〇〇七年一一月、東京で開かれた第一回会議に参加してみたところ、そんな私の予測は半分当たり、半分はずれた。
まず、「半分はずれた」ところから話を始めると、二日間計一〇時間に及んだ会議では、いささか悲観的な事前予測をあっさり裏切るような、白熱した討論が展開されたのである。日中の記者たちの主張と主張が正面からぶつかりあい、火花を散らし、双方のメンバーの気色ばんだ顔やふくれっ面から、しばしば「あんたたちはなんてわからず屋なんだ」と言わんばかりの苛立ちの大声が上がった。激しい討論に火をつけるきっかけになったのは日中間の歴史問題だった。
日本側「中国の反日デモでは一般人が暴徒化した。日本人はそんなに嫌われているのかと大きな衝撃を受けた。反日につながる愛国教育は理解できないし、変えてもらいたい。中国はいつまで過去にしがみつくのか。日本は中国に何度わびればいいのか。歴史カードを政治カードに使ってくれるな」
中国側「愛国教育は反日教育ではない。歴史問題をカードと見なしてもいない。日中戦争で受けた中国人の民族的な傷は非常に深いが、日本には侵略を否定しようという者がいる。日本は歴史問題の重荷を下ろして前進したらどうなのか」
メディア報道の任務をめぐっても真っ向から見解が対立し、議論はずっと平行線をたどった。
日本側「メディアの基本的な役割は事実を報道し、国民の知る権利に応えることだ。中国のメディアは政治判断にとらわれすぎており、読者や視聴者に伝えるべきことを伝えていない。メディアの自由化が必要だ」
中国側「自由化の定義は何か。絶対的な自由は存在しない。日本にも『皇室タブー』などがあるではないか。われわれがまず考えるべきは社会の安定だ。メディアの報道によって混乱が生じれば、国民生活に影響が及ぶ」
議論のすれ違いに業を煮やした日本側が「中国は多様な意見の出る国になったと聞くが、みなさんの意見はどれも同じだ」と皮肉れば、中国側も「あなたがたの意見だって同じに聞こえる」とやり返してきた。

近年、日中関係はさまざまな分野、レベルで交流の輪が広がってきている。ところが、メディアの世界では、新聞もテレビも相手のことをかまびすしく報道・論評するにもかかわらず、両国の記者が取材や報道をとりあえず脇に置いて、ともに関心を寄せる重要問題をめぐり、このような形で意見を戦わす機会は極めて少ない。もちろん、メディア代表団の相互派遣といったような交流はあるものの、関係者との儀礼的な意見交換や地方視察が活動の中心であり、必ずしも実のあるコミュニケーションが行われているわけではない。日中それぞれの記者が置かれている政治社会環境がだいぶ異なるため、「討論したところで、しょせん話が合わないし、理解されない」と、はなから敬遠しあう空気もあるのかもしれない。私自身、会議に参加する前はそんな冷めた感覚を振り払うことができず、討論の先行きに疑念というか、不安を覚えたのである。

しかし、中国側が見せた、口角泡を飛ばすという表現がぴったりの丁々発止の応酬、予想をはるかに上回る談論風発ぶりは、中国メディアに対する私の認識を新たにしてくれた。討論を通じて私の脳裏にくっきり浮かんだイメージは「ああ、これはやはり、改革・開放三〇年がもたらした実りだな。いまだに言論へのさまざまな規制があっても、中国人の意識や価値観は多様化してきているし、思想の自由空間は広がってきている」というものであった。ちょっと想像してみればいい。経済の自由化も社会の開放度もまだまだだった三〇年前、二〇年前の中国であったら、このような会議は開けなかっただろうし、開けたとしても、ずいぶんと退屈で形式的な討論になったに違いない。

会議のなかでは、こんな印象的なやりとりがあった。「中国のメディアは胡錦濤政権をコテンパンにたたけるのか」。日本側座長の田原総一朗氏があえてそう挑発したところ、中国側は「政府批判なら何回もしている」と応じた。さすがに「われわれは胡錦濤政権だって批判できる」とまでは言わなかったものの、非常に答えにくかったと思われる問いかけに、中国側が口ごもることも沈黙することもなく、即座に反応したことに思わず目を見張った。

正味一〇時間に達する日中マラソン討論というのは、まったく初めての体験だったし、肉体的にも精神的にもけっこう疲れる会議だった。だが、期待以上に活発な討論が成立したことによって、お互いの立場や見解の違いをはっきり認識できたことは私にとって大きな収穫だった。誤解や偏見は、相手のことをなんとなくわかったつもりでいるところから生じる。「違い」を知らずに等身大の中国（日本）の姿はつかめない。その意味で、お互いがどのような形式であれ、コミュニケーションを取り続けることの重要性を痛感した。

「報道と国益」をめぐる論争

もとより、日中ジャーナリスト交流会議は、何か特定のテーマをめぐって双方の合意を目指すことを目的とした討論会ではない。私の理解では、お互いが言いたいことを、腹蔵なく言いあうというのが基本ルール。したがって、討論には「駆け引き」も「妥協」もない。野球のピッチングでいえば、直球勝負だ。そうしたやりとりのなかで、中国側の姿勢に「越え難い壁」を感じたのも事実である。これは予測が「半分当たった」部分といっていい。

中国側の記者たちの顔ぶれを見れば、いずれも体制内の既得権益層に属するエリートたちである。なかにはそのメディア組織のトップや全国的に名前と顔を知られた著名なニュースキャスターもいる。メンバーの大半が共産党員であり、記者という仕事の特性もあって、政治的なバランス感覚は普通の人たちよりも鋭い。つまり、彼らは「自分の裁量で、ある程度自由に発言していいこと」と「絶対に発言してはいけないこと」の境界線を十分わきまえている人たちなのである。

確かに、中国側は、想像していた以上に自由かつ活発に発言してくれたが、政治的に微妙な問題になればなるほど、絶妙なバランス感覚を働かせる。自分が発言しようとしている内容が党や政府の見解と大きくずれていないかどうかを判断しながら、巧みに言葉を繰り出してくる。時には論点をずらしたり、ぼやかしたりして逃げる。こちらとしては、非公開でやっている以上、できることなら、党や政府が築いた壁を突き破って一歩も二歩も踏み込んでもらいたいのだが、彼らは核心の部分ではまず踏み込まないし、踏み込めない。中国側もともにメディアの世界で働く「同業者」ではあるが、結局のところ、ジャーナリストとして、われわれと「同じ土俵」には立っていないのではないか。その後、二回、三回、四回、五回と会議に参加し、討論を重ねても、そんな違和感は最後まで拭い去ることができなかった。

具体的なケースをもとに説明しよう。例えば、チベット問題をめぐる討論である。チベットのラサでは二〇〇八年三月、「チベット独立」などを求める大規模な民族騒乱が発生し、混乱は近隣の青海、四川、甘粛各省に波及して国際的な関心を集めた。このため、その直後に北京で開かれた第二回日中ジャーナリスト交流会議ではチベット問題が討論のテーマの一つとなった。日中双方の主張を整理すると、おおむね以下のような論点に集約できる。

【中国側】

・暴動は（インド亡命中の）ダライ・ラマ一四世が長期にわたって策動したものだ。ダライ・ラマは偽善者である。

・ダライ・ラマ一派は独立を訴えているが、現地の人たちはそれに同調していない。誰もが反発している。チベット族と漢族の関係はうまくいっており、仲良くやっている。

【日本側】

・問題は騒乱ではなく、中国の領土と主権の問題だ。チベットと台湾は中国の不可分の領土だ。

・中国メディアは国益にかかわる問題について当局の強い報道統制下にある。外国メディアをチベットに入れず、中国メディアの現地取材も新華社や中央テレビに限られている。それだけで騒乱の真相を理解しろと言っても無理だ。
・なぜチベットで騒乱が何度も起きるのか掘り下げて報道すべきだ。中国の記者にチベット族が本音を言うわけがない。漢族とチベット族の仲がいいというのはあまりにも単純な結論だ。
・チベット騒乱が領土、主権の問題というのはわかる。ただ、それと同時に人権、民主の問題でもある。

中国の記者たちは概してわれわれ日本人記者以上に雄弁である。「ああ言えば、こう言う」ではないが、とりわけ弁の立つ記者は文字通り立て板に水、機関銃のように激しく言葉を乱射してくる。「へえ、そこまで言うのか」と、時々われわれを驚かせ、おもしろがらせもしてくれる。しかし、チベット問題のような、共産党と政府が国益にかかわる重大問題と位置づけるテーマが俎上に上ると、急に口のガードが固くなってしまうのだ。

「ダライ・ラマは偽善者」「民族関係はうまくいっている」「チベットは中国の不可分の領土」……。要するに、言っていることは、共産党機関紙『人民日報』の社説がいつも書いているような、あるいは中国外務省スポークスマンが定例会見で事あるごとにくり返しているような、紋切り型の公式コメントなのである。われわれとしては、たとえ独断や偏見が交じろうとも、個人のジャーナリストとしての見解を聞きたいのだが、期待通りの返答はなかなか返ってこない。「国益」という錦の御旗の前に、個人の意見は身を縮めるようにして姿を隠してしまうのである。

実際、「報道と国益」の問題をめぐっては、日中間の討論は最後まで歯車が噛み合わなかった。たとえば、日本側は「政府に対しても外交に対しても疑問を持って仕事をするのがメディアだ」「国民は何が起きているかわからないとパニックに陥る。情報があれば、パニックにならない。健全なジャーナリズムが機能することが国の信頼性を高める」「国益ではなく、国民の利益にとってどうかを考えるべきだ」などと主張し、いわゆる国益を優先することによって報道が歪められる危険性に警鐘を鳴らした。

これに対し、中国側からは「国益から離脱して報道することはありえない」「国益とは国民の利益。人民の利益は国家の利益と一致している」「マイナスの事件を大きく報道すれば、中日関係の発展に影響を及ぼす。事実を尊重すると同時に、国民感情、国家関係に悪い影響を与えないよう考える必要がある」として、報道にあたってはあくまでも国益を考慮しなければならないとの見解が示された。

そもそも国益とは何なのか、政府が考える国益とジャーナリズムが考える国益とは同じものなのか、国民の知る権利と国益の関係はどう位置付けたらいいのか……日中間でもっと突っ込んで討論すべき課題はいくつもある。だが、一連の会議でこの問題に論議が及ぶと、堂々巡りの様相を呈し、双方が納得できるような着地点は見出せなかった。

日中メディアの基本的な相違点

中国の記者たちは活発に自説を展開する一方で、政治的に微妙なテーマに討論が移ると、ステレオタイプの「公式発言」に終始する傾向を見せた。私見では、彼らは鄧小平《とうしょうへい》時代以降の改革・開放政策を強く支持し、中国はさらに対外開放を進めて変わっていかなければならないと考えている「改革派」である。討論以外の場でも個別にさまざまな意見交換をしたが、基本的に発想は開放的で柔軟性に富んでいる。それにもかかわらず、「国益」にかかわる問題を語るときに彼らが見せる硬直性は、いったい何に起因するのだろうか。

どの国のメディア、ジャーナリストであれ、その国の政治社会体制と無縁ではありえない。中国のメディ

	日本	中国
監督官庁	なし	共産党中央宣伝部・国務院
経営形態	民営、多角経営	公営（党・政府）、官庁体質
幹部人事	独自	党・政府の指導管理
政治環境	報道の自由、無党派	報道統制、党・政府の機関紙
編集方針	独自、ニュース第一主義	党・政府の代弁、指導監督下
報道内容	社会事象全般	指導者の政務、内政に重点
販売形態	販売店による宅配、駅売り	郵便局による配達
購読者	一般家庭が主体	機関・団体が主体

表　日中両国のメディア（新聞）の基本的な相違点

アと記者たちは中国独特の政治社会体制（共産党が指導する社会主義国家）という大きな枠組みのなかで存在し、活動しており、当然ながら、思想と行動の両面でさまざまな規制を受けている。まずは日中両国のメディア（新聞を例に挙げる）の基本的な相違点を理解しておく必要があろう（表）。中国では市場経済化でメディア間の競争が激しくなるなかで「都市報」と呼ばれる、社会ニュースや娯楽中心の大衆紙がいくつも発行されているが、ここでは『人民日報』『光明日報』などの伝統的な主要新聞を比較対象として想定していただきたい。

表からわかるように、中国の主要新聞は党・政府に所属している。編集面では内政、外交、軍事、少数民族、台湾などに関する重要ニュースをいかに報道するかについて日常的に党・政府の監督・指導を受ける。わかりやすい例を挙げれば、最高指導者である胡錦濤総書記（国家主席）の重要演説、国内視察、外遊などのニュースは基本的に主要紙の一面トップの扱いとなる。これは各紙が独自にニュース価値を判断してそうしているわけではなく、関係部門から新華社配信の定型原稿を一面で使用するようにとの統一的な指示が出るためにそのような紙面編集になるわけである。

市場経済化で中国の新聞も多様化しているが、共産党当局によるメディア管理には依然として厳しいものがある（撮影：藤野彰）

そうした指示に背いて、胡錦濤総書記に関するニュースをボツにする、あるいは一面で扱わない、扱うにしても小さくして掲載するといったような権限は各紙にはない。まずありえないことではあるが、もし仮にそのような冒険を行う編集長がいたとしたら、間違いなく更迭ないしそれ以上の処罰が待っている。党中央は主要メディア幹部の人事権を握っており、政治的圧力を通じてメディアをコントロールしている。

中国にはメディアのあり方、とりわけ党・政府の主管する伝統的メディアのあり方を規定する言葉として「党の喉舌《こうぜつ》（代弁者）」という用語がある。そこには「メディアの重要な任務は党の決定・政策の宣伝である」との意味が込められており、改革派指導者として史上評価の高い胡耀邦《こようほう》でさえも、総書記時代には、「党の新聞事業は党の喉舌であり、党が指導する人民政府の喉舌である」と語ったことがある。

今日ではメディア自体が多様化しているだけでなく、『人民日報』のような伝統的メディアであっても経済、社会、文化、スポーツなどの報道を重視するようになってきているので、ふだん「党の喉舌」という言葉はあまり使われなくなってきているし、時代遅れの響きさえ感じさせる。数多くのメディアが商業化の波に洗われ、激しい競争を繰り広げている現在、「『党の喉舌』は一つの建て前であって、実際には各メディアにも記者個人にもそれなりの自由裁量権がある」「毛沢東時代ではあるまいし、党があらゆるメディアを管理することなど、どだい不可能だ」という主張もあるであろう。

確かに、中国のメディアにも、民主化思想を持ち、共産党政治に批判的な記者は少なくない。「上に政策あれば、下に対策あり」はメディアの世界も同様だ。したがって、必ずしも「党の喉舌」との規定がすべてを律しているという状況にはない。しかし、共産党の一党独裁体制に変化がない以上、「党の新聞は党の路線、方針、政策と政治観点を無条件に宣伝しなければならない。新聞、放送のなかで党の決定に反する言論を発表することは絶対に許されない」(「党内生活に関する若干の準則」、一九八〇年)という原則は、やはり目に見えないところでメディアを呪縛《じゅばく》し続けているのである。

いったん政治的な重大事態が発生すれば、「党の喉舌」は伝家の宝刀としてメディアの首をぎりぎり締め上げる。一九八九年春の民主化運動のさなか、つかの間の「自由」を謳歌した中国メディアが、天安門事件直後、一転して厳しい統制の網をかぶせられたのはその一例である。要するに、「党の喉舌」は、時々の政治社会情勢に応じて手綱の締め方の強弱はあるにせよ、共産党にとって絶対に譲ることのできない生命線なのだ。

中国には中国のメディア論がある。北京特派員時代の二〇〇五年三月、メディア研究の拠点の一つである中国人民大学新聞学院の鄭保衛《ていほえい》教授にインタビューしたことがあるが、その際、彼は中国メディアの特性をこう解説した。

「メディアが党・政府に所属している以上、メディアは党・政府の仕事に奉仕しなければならない。われわれの言葉でいえば、三つの奉仕だ。人民に奉仕し、社会主義に奉仕し、党と国家の仕事の大局に奉仕する。

これは中央がどのメディアに対してもそうするよう求めていることだ。私営企業の日本メディアと違って、われわれのメディアは党にも政府にも責任を負わなければならない。なぜなら共産党が政権政党だからだ。職業道徳からいえば、中国メディアが西側メディアといちばん異なる点はなおいっそう政治的責任を重要視することである」

こうしたメディア論の是非はともかく、中国の記者たちがどのような「政治的重荷」を背負わされているかはよく理解できるであろう。チベット問題にしろ、台湾問題にしろ、個々の記者は海外の報道も含めていろいろな情報を持っているはずだし、党・政府の立場とは異なる個人的見解もそれ相応にあるに違いない。おそらく、もっと言いたいこと、言えることがあると思うのだが、現実にはうかつには口にできないという状況がある。事実、発言の内容いかんによっては記者生命を絶たれる恐れさえあるので、「言論の自由」がいちおう保証されている社会に暮らすわれわれが個々の中国人記者を、「腰が引けている」などと一方的に責めることはできないだろう。

ただ、中国メディア界が抱える大きな課題については指摘しておかなければならない。第一に、政治の内部動向や内外政策のプロセスや背景に関する報道が質量ともに少なく、国民の知る権利に十分応えていない。第二に、内政や外交で重要問題が発生すると、党・政府が判断するところの国益に沿って報道や論評が画一化し、多様な情報や観点が提供されないため、真実がなかなか国民に伝わらない。いずれもメディアの自助努力によって克服できる課題というよりも、突き詰めれば、中国の長年の懸案である政治改革が行われるかどうか、メディアの自立性が保障されるかどうか、という問題に行き着く。肝心なのは、中国のメディア関係者が以上のような問題意識をどれだけ持っているのか、われわれと問題意識を共有できる部分はどのくらいあるのか、ということだ。翻って考えれば、日本のメディアも完全無欠であるはずがなく、これらの課題を自問してみなければならない。日中双方が問題意識をある程度共有できるとすれば、メディア交流の中身はさらに実りのあるものとなるに違いない。

誰のために報道するのか

数年間にわたって中国の記者たちと討論を重ねるなかで私がつくづく考えさせられたのは「ジャーナリストはいったい誰のために報道するのか」という問題だった。身近な同業者たちに問えば、たぶん多くの者から「そんなの当たり前でしょう、読者、国民のためですよ」という答えが返ってくるに違いない。だが、ちょっと立ち止まって考えてみたい。「読者、国民のため」というのは、それほど自明のこととして記者たちに意識され、職業倫理として徹底されているのであろうか。「お国のため」といったような時代錯誤的な発想の記者はいないと思うものの、「会社のため」「自分の名誉や昇進のため」「担当する業界のため」といった勘違いをしている記者はいないと言えるだろうか。

そんな自問を繰り返したのは、中国側の「報道観」に反発や疑問を抱きながら、「つまるところ、ジャーナリズムとは『誰のために報道するのか』をきっちり自己確認することが原点なのではないのか」という思いにいたったからである。これは先に触れた「報道と国益」の問題とかかわってくる。中国側の論理によれば、「国益とは国民の利益。人民の利益は国家の利益と一致している」のであるから、「国益のための報道」イコール「国民のための報道」ということになってしまう。しかし、どこの国でも政府や権力者は「国益」を口実として本来公開すべき情報を隠したり、世論に背いて独断専行したりする恐れがある。「国益」を隠れ蓑に、国民の人権をはじめ、もろもろの権利が踏みにじられるケースは枚挙に暇がない。したがって、私はこの中国式論理には同意できない。

二〇〇四年八月、サッカー・アジア杯の日中決勝戦が北京で行われた際、興奮した中国人の観衆が試合会場から出ようとした日本公使の公用車を襲撃するという事件が起きた。ところが、中国メディアはその事実をほとんど報道しなかった。当局が「社会秩序の維持」という「国益」を考慮して情報管理を行い、メディアの側もその意を汲んで報道を自制したためである。それがどういう結果をもたらしたかといえば、公正な事実報道がなかったために、中国国民の反日感情のいたずらな暴走を許すことになった。このような状況を放置したままで、はたして日中の真の相互理解が進むであろうか。中国の国益優先の情報管理メカニズムはその後も変わっていない。

かつての英『ザ・タイムズ』編集長、ウィッカム・スティード(一八七一〜一九五六年)はジャーナリズム論の古典として知られる自著『理想の新聞』(浅井泰範訳、みすず書房、一九九八年)のなかで、新聞のあり方を次のように規定している。

「自由な国にあっては、もしも新聞が、国民一般の福利に危害をおよぼすような官憲の権力乱用や不届きな行為についての報道に粉飾を加えたり、ひるんだりしたら、その新聞は本来の責務をはたさないことになる。発言することこそ、新聞の義務である。新聞が忠誠を誓う対象は、一般の人々であって、政府や官憲といった権威ではない」

スティードの著書が出版されたのは一九三八年のことであるが、それから七〇年以上の歳月を経た今日でも彼の言葉は力強い説得力をもってわれわれを叱咤《しった》激励してくれていると思う。やはり、何といってもわれわれジャーナリストが忠誠を誓う対象は、スティードの指摘するように「一般の人々」なのであり、それ以外にはありえない。自分たちが高みに立って中国の現状を批判するということではなく、日本メディアもわが身の問題として常々自戒しなければならないことであろう。

「誰のために報道するのか」という問題はずっと私の頭にこびりついて離れない。二〇一一年八月、北京で開かれた「第七回北京―東京フォーラム」(言論NPOなど主催)に参加したときにも、メディア分科会での中国側との討論のなかでこのことに言及した。発言の主旨は次のようなものである。

「日本メディアは何か問題があると非常にセンセーショナルに報道すると、中国側から指摘を受ける。しかし、国民が知るべき情報は最大限提供しなければならない。国益に抵触することがあるとしても、国民が当然知るべきことは、最大限取材して報じる。中国でも昔に比べれば自由で活発な報道が行われるようになってきている。このようなメディアの変化は非常に高く評価しているし、今後に期待している。しかし、日中間にはなお簡単に乗り越えられないギャップがある。簡単に埋まるものではないので、こういう交流を続けながら、お互いにどこが違うのかという点を明確に認識することが重要だ。その点、相互理解はまだまだ不十分である。報道が何のために存在しているのかという基本的な問題について、日中のジャーナリストがある程度のコンセンサスを得られたら、ともによりよい仕事ができるのではないかと思う」

中国側にどこまで理解してもらえたのか、正直、心もとない気がしている。それでも、問題をどこか楽観的に捉える感覚がなくはない。先に、中国の記者たちは「われわれと『同じ土俵』には立っていないのではないか」と書いた。ただ、立場や価値観に違いはあっても、中国の記者たちも私たちと同じように基本的には報道の仕事が好きで、それを生業にしているのである。個人的に付き合い、酒を酌み交わすくらいに親しくなれば、相手の思考経路や発想、物腰などに「やはり、記者なのだなあ」と感じることが少なくない。理屈を超えて、人間として、職業人として共感できるものがある、というのは重要な要素であろう。それがあれば、喧嘩しながらでも付き合っていける。実際、ジャーナリスト会議の一部の中国側メンバーとはもう二〇年来の付き合いだ。いささか情緒的な物言いになったかもしれないが、通算約一一年の中国特派員生活を通しての私の実感である。

2　中国に「報道の自由」はあるか

藤野　彰

改革派知識人たちの憂鬱

共産党による一党独裁の中国に「報道（言論）の自由」は存在するのか。そう正面から問われれば、大方の日本人は「ノー」と答えるかもしれない。私の答えも、決して単純な「ノー」ではないものの、いちおう否定的ではある。とりあえず、いくつかの体験的エピソードを紹介したい。

二〇〇七年秋のこと。都内に住む知人から、私のところに速達の手紙が届いた。この電子メールの時代に速達とは珍しかったが、便箋には文字通り急ぎの用件が記されていた。四日前、東京から北京に戻った、彼の友人の中国人ジャーナリストが「行方不明」になっているというのである。

北京空港到着後、本人から「着いた」との電話連絡があり、一方的に切られた。その後四日間、先方の携帯や自宅に電話をかけ続けたが、まったく応答がなかった。この中国人記者は体制批判の言論活動で知られている。「身の安全が心配。帰国と同時に拘束されたのかもしれない。なんとか安全の確認ができないか」。切羽詰まった思いが手紙の文面から伝わってきた。幸い、速達が着くのと前後して、知人の電話が記者につながり、無事であることがわかった。事後報告によれば、彼は海外から帰国すると、自宅へ直行せず、数日間、姿をくらますのが常で、今回もそうだったらしい。「その筋」による監視や拘束を警戒しての自衛策、とのことだった。

自由社会に暮らす日本人にはなかなか理解しにくいことであるが、共産党体制の中国にはどこかテンションの高い空気が漂っている。体制批判を公然と口にしたり、文章に書いたりする民主派知識人たちの周りには、そんな空気がひときわ濃密に流れている。空気の濃度を差配する「その筋」は、必要とあらば、カマイタチのように体制批判派に不意打ちを食らわせ、身柄を拘束し、知らない場所へ連れ去る。それがわかっているから、身に覚えがある人たちは、部外者には一見、神経過敏とも映る行動に走る。

北京特派員時代に私が北京市内のホテル一階の喫茶室で会った中国人ジャーナリストもそうだった。窓際の明るい席で待っていたら、彼があいさつもそこそこに、「ここはまずいな、あっちの席がいい」と、外から見えにくい場所のテーブルへ移ってしまった。彼は当局の意に沿わない開明的な論調の外交論文を雑誌に発表したために、各方面から排撃され、政治的に微妙な状況にあった。そのときの彼の言葉は今でもはっきり覚えている。

「私の立場はとてもデリケートだ。その点、気をつけてほしい。あなたと一緒に飯を食ったりするのはかまわない。携帯メールで連絡をくれ。断ることがあるかもしれないが、怒らないでもらいたい」

さらに、耳に手を当てながら「『その筋』が耳をそばだてている」と声を潜め、手で双眼鏡の形をつくって「監視もね」とささやいた。「気にしすぎではないか」と言いかけたが、「インターネット上でさんざん罵倒され、自宅の住所や電話番号まで流された。『殺してしまえ』とまで書かれた」と聞くに及び、言葉を飲み込んだ。

ある著名な反体制作家は、北京の街角の喫茶店で私と懇談した後、「あなたと一緒には店を出ない。目立つからね。先に行くから」とそそくさと立ち去った。しばしば「その筋」の監視を受けていることから、慎重な振る舞いが習い性になってしまったようだった。そのとき、彼はこんなことを言った。「国民党時代は言論や報道の自由が『どれだけあるか』が問題だった。共産党の今は自由が『あるか、ないか』の問題だ」と。

反体制派、しかも少数民族ということになると、当局側から受ける圧力は倍加する。北京に住む知人のチベット族の知識人はチベット問題で反政府の立場をとっているため、当局側の監視対象になっている。「今年は（政治的に）かなり敏感な年なので、たぶんどこにも行けない。ラサには戻れないし、チベットのほかの地域に旅することもできない。北京にいるしかなさそうだ」。チベット動乱五〇周年（三月一〇日）、天安門事件二〇周年（六月四日）と大きな節目が控えていた二〇〇九年初め、私のところにそんな便りを寄越した。その末尾には「例えて言えば、私は『中国国内の亡命チベット人』だ」と記され、名状しがたい悲哀が行間に漂っていた。

改革・開放、そして市場経済化が進み、中国人の移動、進学、留学、職業選択、経済活動、海外旅行などの自由は大幅に広がってきている。ただし、政治や言論の世界には、冷酷な「不自由」が厳然として存在する。恐怖、不安、焦燥、怒り、苛立ち……共産党体制の矛盾に立ち向かい、自立思考の「自由人」として生きようとする中国知識人が支払わなければならない精神的代価はいかばかりか、と思われる。

中国における「報道の自由」の現実

日本において「報道（言論）の自由」が一〇〇パーセント保障されているのかどうかという議論はさておき、私たちはかなり自由にものを言い、書いたり、発表したりしている。「報道（言論）の自由」を空気の

2004年9月、北京で開かれた日中記者交換40周年記念式典。中国駐在日本人記者の数は飛躍的に増大したものの、取材規制をはじめ、なお多くの困難に直面している（撮影：藤野彰）

ように感じていると言っては言い過ぎかもしれないが、あって当たり前と思い込んでいるようなところがある。だが、世界を見渡せば、そういう国は相対的に少ない。「自由」が弾圧され、制限されている国のほうが多いだろう。中国はそういう国のなかで、最大かつ、最も内部事情が複雑な国である。

私の特派員経験からすれば、中国での取材活動はしばしば当局側との摩擦やトラブルを伴う。取材拒否、取材妨害、身柄拘束、電話盗聴、尾行監視、はては国外退去処分にいたるまで何でもあり、である。約一一年間の中国駐在期間中、国外退去以外の出来事はすべて体験した。これは決して私一人の特殊なケースではなく、日本や欧米の特派員は多くが似たような体験をしている。

こうしたなかで、二〇〇八年の北京五輪開催は、中国の対外開放のレベルを高め、厳しい報道統制が緩和される好機になるのではないかと期待された。実際、これに応えるかのように、北京五輪開催が決定した二〇〇一年七月、北京市五輪招致委員会の王偉・秘書長（その後、北京五輪組織委員会副会長）

は各国報道陣を前に「中国に来る皆さんには完全な取材の自由を保障する」と宣言した。さらに、国務院は二〇〇七年一月から「北京五輪およびその準備期間における外国人記者の在中国取材規定」を施行し、記者が取材先の組織・個人の同意を得ることを条件に、二〇〇八年一〇月一七日までの暫定措置として、各地の外事弁公室（外国人記者の取材申請窓口）を経由せずに直接取材を行うことを認めるなど、規制の一部を緩和した。中国の前向きな変化に対する国際社会の期待感は高まった。

ところが、現実には五輪開催を迎えても外国メディアへの取材妨害は相次ぎ、「完全な取材の自由」という「約束」は守られなかった。五輪開幕直前の二〇〇八年八月四日、新疆ウイグル自治区のカシュガルでテロ事件を取材中の邦人記者二人が武装警察に拘束され、殴る蹴るの暴行を受けるなどした。同月一〇日には、同自治区クチャでやはりテロ事件を取材中の邦人記者三人が警察に連行され、事情聴取を受けるトラブルが発生したほか、同月一三日にも五輪会場近くでチベット支援グループを取材中の英国人記者が身柄を拘束された。事件はこれだけにとどまらない。北京の中国外国特派員協会によれば、二〇〇七年一月から二〇〇八年八月にかけての取材妨害事件は暴行、身柄拘束など三〇〇件以上に達した。

この事態に、英紙『フィナンシャル・タイムズ』（二〇〇八年八月一五日付）は、北京五輪と取材規制の問題を取り上げ、「中国はメディアに『完全な自由』を与えるという約束を破った。……記者がスポーツ以外の問題を取材しようとすると、しばしば妨害を受ける。また、五輪メーンプレスセンター内でも一部のウェブサイトへの接続は遮断されている」と論評し、中国当局の「約束」違反を厳しく批判した。パリに本部を置くジャーナリストの非政府組織「国境なき記者団」の二〇〇八年「世界報道自由ランキング」によると、中国は「多くの記者が検閲や統制に対抗しているが、逮捕や規制が依然続いている」として一七三カ国・地域のなかで最下位グループの一六七位と、極めて低い評価を受けている（ちなみに日本は二九位である）。

報道に対するさまざまな規制は、中国の対外イメージを悪化させ、いわゆる「国益」にとってマイナスだと思うのだが、中国当局にそういう認識は乏しいようだ。実際のところ、「報道開放」をめぐる、中国当局と外国メディアの間の認識ギャップは大きい。北京五輪と報道の関係についても、中国側は「五輪で各国記者にいいサービスを提供し、中国の経済発展や政治安定、民族団結といったすばらしい情勢を世界に知らしめる」（李長春《りちょうしゅん》・党政治局常務委員）といった対外宣伝工作に重点を置く。これに対し、外国メディアの多くは五輪そのものだけでなく、それに関連した中国のさまざまな政治、社会矛盾に強い関心を寄せる。双方の観点は基本線ですれ違っており、摩擦が生じる原因となっている。

北京五輪後に開かれた第三回日中ジャーナリスト交流会議（二〇〇八年一二月、東京）では、日本側が「五輪取材に来て、それ以外のことも取材するのは当然だ」「中国人は（外国人記者が悪いことを書くのではないかという）被害者意識が強すぎるのではないか」と主張したのに対し、中国側からは「五輪取材にはなるべく政治的なものを持ち込まないようにすべきだ。日本のメディアはなぜスポーツではなく、ほかのことに興味を持つのか」という批判の声が出た。ただ、中国側のなかには「取材妨害があったならば、どんどん公にしてほしい。私たちも自由な取材を望んでいる」とエールを送ってくれる記者もいた。

中国取材を取り巻く環境は以前に比べれば、前向きな変化もある。たとえば、外国人記者に対する管理規則は緩和された。中国政府は天安門事件翌年の一九九〇年一月、「外国人記者及び常駐外国報道機関管理条例」（全二二条）という管理規則を施行し、取材にあたっては外事部門に申請を行い、同意を得ることが必要であると規定する一方、「中国の国家安全、統一、社会の公共利益に危害を及ぼす活動をしてはならない」との一文を盛り込むなど、外国人記者への管理を強めた。しかし、北京五輪開催後の二〇〇八年一〇月からは、外事部門への取材申請を不要とする五輪期間中の暫定措置を反映させた新規則「常駐外国報道機関及び外国人記者の取材に関する条例」（全二三条）を施行し、旧条例の「中国の国家安全……してはならない」

の一文を削除するとともに、「取材を受ける組織・個人の同意」を取材条件とする内容に改めた。このほか、政府各部門などによる記者会見や情報公開の機会が増加していることも一定の前進として評価してよい。

もっとも、問題は北京五輪での「完全な取材の自由」の「約束」が反故にされたように、中国当局がその時々の情勢によって恣意的に取材規制など自由報道への圧力を強化する傾向が見られることである。北京五輪や上海万博（二〇一〇年）といった国際的イベントの開催目的が、中国の発展と開放を広く国際社会にアピールすることにあったとするならば、中国当局の報道へのさまざまな干渉は時代の流れに逆行するものと言わざるを得ない。中国当局は取材への規制や妨害が長期的には社会発展の足かせとなることをしっかり認識すべきであろう。

そもそも、中国は憲法で「中華人民共和国の公民は言論、出版、集会、結社、行進、示威の自由を有する」（第三五条）と規定し、ちゃんと基本的な「自由」を保障しているのである。それが現実には空文化しているところに、中国の体制の根源的な歪みがある。「党の指導」という、事実上、法の上に君臨する金科玉条があるため、法があってもなかなか順守されず、法治が根付かないのだ。かつて中国のある閣僚級の指導者が「報道の自由」についての講演のなかで「『報道の自由』はどの国においても絶対的存在でなく、相対的なものだ。報道に際して祖国や社会主義、党の指導に反対してはいけない」と語ったことがある。残念ながら、中国憲法の保障する「自由」とはひっきょう「党の指導」という鳥かごのなかの自由なのである。

「中国は矛盾に満ちた国だ」

どんな国、どんな政治体制にも矛盾というものはある。だから、中国の矛盾だけをことさらあげつらい、攻撃するつもりはない。重要なのは、矛盾を矛盾としてしっかり認識し、その背景を多面的に考察し、矛盾の改善、解消に向けた変化の芽が社会に見られるかどうかを慎重に分析していくことだろう。

第二回日中ジャーナリスト交流会議（二〇〇八年三月）に参加するため、北京のホテルに滞在していたときのことである。朝、自室のテレビでＮＨＫのＢＳニュースを見ていたところ、アナウンサーが「しかし、式典の開始直後……」としゃべった時点で、音声が途切れ、画面がプツンと消えた。ニュースは、ギリシャで行われた北京五輪の聖火採火式に、男が中国のチベット弾圧に抗議して乱入した事件を伝えようとしていた。ほどなく画面は復活したが、乱入場面はすでに終わっていた。ＣＮＮニュースも同じ場面がカットされたことを後で知った。中国当局にすれば、すこぶる不愉快な映像なのかもしれないが、もはや毛沢東時代の閉鎖的な中国ではないはずだ。いつまでこんなことをやっているのかと、可笑しさ半分、腹立たしさ半分だった。

その日は会議の二日目で、前日から、私を含め日本側七人、中国側八人の参加者が中国製冷凍毒ギョーザ事件（河北省の食品工場で製造された冷凍ギョーザに有機リン系殺虫剤メタミドホスが混入され、それを食べた日本の消費者が中毒になった事件で、二〇〇八年一月に発覚した）やチベット暴動をめぐって激論を戦わせていた。二日目の討論で、日本側はさっそく「テレビ画像検閲事件」を俎上に載せ、中国の報道統制の異常さを問題にした。またもガチンコ対決かと思われたのだが、意外なことに中国側の反応は拍子抜けするほど率直だった。「そんな規制は避けなければいけない。あってほしくないことだ」と有力全国紙の編集局長。著名なテレビキャスターは「バカなやり方だと思う。もとの画面を見せるよりも悪い結果になる」と、苦々しげな口調で切り捨てた。

非公開の会議とはいえ、会場では主催者である中国政府の役人たちが討論内容をすべて聞いている。報道をめぐる日中の立場、見解の隔たりは小さくないが、中国の記者たちがこの問題で示した、理性的で真っ当な判断は「彼らと認識を共有できる部分も確かにあるのだ」との思いを抱かせてくれ、正直うれしかった。

会議を重ねるにつれてよく見えるようになったのは、中国側の個々の記者の考え方やスタンスの違いである。たとえば、金融危機などの「暗いニュース」をどう伝えるか、中国当局の規制をどう思うかに関して、中国人記者の間でこんなやりとりがあった。

A記者「悲観的な報道ばかりしていてはいけない。やはり、人々に自信を持たせるような報道をしないとね。扇動的なマイナス報道はやめるべきだ」

B記者「いや、何をマイナス報道と見るかは、メディアによって違うよ。『企業倒産相次ぐ』といった悲観的ニュースであっても、事実であれば重視しなければいけない」

C記者「Aさんの会社は当局の指示に従ったとしても、うちの会社は言うことを聞かないかもしれない。お上が報道規制すると言ったって、(メディアの数が多すぎる)今は完全な規制なんかできっこない」

見たところ、自由報道について、A記者はやや保守的な慎重改革派、B記者は中道改革派、C記者は積極改革派である。三人のなかでいちばん若手のC記者は、驚いたことに、「中国は将来、政治も自由になるだろうか? 問題なくそうなる」とまで言い切った。市場経済の窓から流れ込む自由化の空気を吸い込んで、記者たちの意識は着実に多様化している。例外なくというわけではないにせよ、意見のばらつきは、共産党の一元的な指導下にある中国報道界がどこを切っても同じ断面の金太郎アメではなく、新たな、しかも積極的な変化の可能性を秘めていることを示唆している。

中国という国は、硬い殻に覆われていて、自分の考えや流儀に固執し、なかなか変わろうとしない。外部から見ると、そんなイメージがある。それは確かに一面の真実ではあるが、実のところ、硬い殻の中身は単色の巨大な球体ではなく、赤もあれば、白も緑もあるといった、大小の多彩な球体で成り立ち、互いにせめぎあっている。規制があれば、それを拒否する声があり、弾圧があれば、それに抵抗する動きがある。悲観があれば、楽観があり、絶望があれば、希望がある。当たり前の国と同じように、中国は明日への出口を求め、もがいている。固定的イメージではなく、複眼の視点で見なければ、素顔の中国は像を結ばない。

「中国は矛盾に満ちた国。それが現実なんだ」。あるときの会議で誰もが長時間の討論に疲れ果てたころ、中国側からそんな声がこぼれ出た。硬い殻の内側で球と球がキュッキュッと擦れ合ってきしむさまがその言葉の向こうに想像されたが、決してあきらめの嘆息ではなかった。むしろ、「だからこそ、矛盾を直視し、立ち向かっていかなければならないのだ」というひそやかな決意の声に聞こえた。

それでも「自由空間」は広がる

冒頭、中国における「報道（言論）の自由」の有無について、私の答えは「決して単純な『ノー』ではないものの、否定的である」と書いたが、「単純な『ノー』ではない」ともったいぶった言い方をしたのは、言論統制の厳しさにもかかわらず、中国社会の「自由空間」は改革・開放の奔流に押されて着実に拡大しているという感覚があるからである。

中国では古来、民の口を防《ふさ》ぐは川を防ぐよりも甚だし、という。人々に自由にものを言わせなければ、川の流れをせき止めるよりも危ない、といった意味である。「言論の自由」が抑圧されているからといって、今日の中国の国民は「沈黙と忍従の人々」なのであろうか。断じてそのようなことはない。一九八九年には改革・開放一〇年余で大規模な民主化運動が起きたし、その後も草の根レベルからの政府への不満表明は暴動、デモ、集会、座り込みなどさまざまな形で噴出している。忍従どころか、自らの権利や利益にしごく敏感な「もの言う民」なのだ。

二〇〇九年四月、北京南西の河北省保定市でこんな騒動が起きた。香港企業に買収された元国有紡績会社の従業員数千人が解雇や積立金不払いに反発し、あろうことか、北京に向けて集団で歩き始めた。彼らは「これはデモではない。旅行なのだ」と称し、整然と隊列を組んで約一四〇キロメートル離れた首都を目指した。慌てたのは河北省と保定市の指導者たちである。こんな大人数の旅行団ならぬデモ隊が北京へ押しかければ、中央政府の怒りを買い、自分たちの首が飛びかねない。懸命の説得が功を奏したらしく、結局は全員が途中で保定へ引き返した。

従業員たちにふだんから自分たちの権利を堂々と主張する自由が保障されていたら、こんな騒動は起きなかったに違いない。彼らはお上への抗議や非難を公然と口にすれば、力で押しつぶされることを知っていた。だから、合法的な「徒歩旅行」で権利を主張し、当局側に圧力をかけたのである。保定の騒動は変事かもしれないが、珍事ではない。近年、大衆の集団的な異議申し立て事件は各地で無数に起きている。おそらく、当局者にすれば、際限のないモグラたたきゲームを強いられているような感じではなかろうか。

天安門事件後、共産党は政治改革を棚上げし、民主化要求を封じ込めようとしてきた。ところが、市場経済の窓から吹き込んだ新しい風は国民の政治意識や価値観をこれまでになく多様化させ、インターネットの爆発的普及は情報統制の壁に大きな風穴を開けた。今日、誰の目にも明らかなのは、共産党や政府がいかに威勢を振るおうが、どんなに不満分子や反対者の摘発に躍起になろうが、国民は自らの人権や権利が踏みにじられる事態に直面したとき、もはや黙ってはいない、ということだ。

国民意識の大きな変化に関しては、共産党自身も「人々の思想や活動の独立性、選択性、多様性、相違性は明らかに強まっている」(第一七回党大会での胡錦濤総書記の政治報告)と認めざるを得なくなってきている。当局が言論規制を止めず、思想統制を強めるのは、社会の「自由化」の加速度的な進行——言い換えれば、「もの言う民」である国民という存在が中国の歴史上、かつてないほどにまで大きくなってきているということ——が一党体制の足元を侵食しかねないという事態に対して深刻な危機感を抱いているからにほかならない。あえて言うなら、国民意識において共産党という存在は相対的に小さくなってきており、統治者としての余裕の乏しさ、体制を護持できるかどうかという焦りが、理不尽な反対派抑圧へと権力者を駆り立てている。

日中ジャーナリスト交流会議の中国側の記者たちも社会状況の変化は敏感に察知している。彼らは決して反体制ではないが、だからといって体制べったりというわけでもない。体制への批判的視点は持っているし、問題意識もある。現状が許す範囲内で「報道の自由」を追求しているし、将来的にはそれがもっと拡大されなければならないという共通認識を持っている。中国側との舌戦のなかで私が印象深く受け止めたのは、「中国はもっと変わる」という彼らの明確なメッセージである。

「国民の支持を得られない政党はその地位を失う。日本の自民党も中国の共産党も同じだ」

「改革を進めなければ、中国は滅びる。民主化は必然的な流れだ。将来は多党制もありうる」

お互いの気心も十分知れてきた第四回会議（二〇〇九年一一月、成都）では、以上のような、一瞬耳を疑いたくなるほどの大胆な意見が中国側から飛び出した。中国の未来はさらなる自己変革のなかにしか見出すことはできない。彼らのそんな思いが伝わってきた。直面する大きな課題は、拡大する国民の「自由空間」をいかに制度によって保障することができるかということだろう。そこへいたるまでには政治改革というプロセスを避けて通れない。壁は厚く、高いが、いずれは「もの言う民」の力が変化の潮流をリードしていくと信じている。

3 「反日」「反中」報道の裏側

加藤千洋

「反中」感情を高めた天安門事件

中国は過去もそうであったように、今後ますます重要な隣国となるだろう。そうした基本認識が日本社会でかなり共有されているように思うが、それにもかかわらず「反中」あるいは「嫌中」といった空気が漂い出したのはいつごろからだったか。どのようなきっかけがあったのだろうか。

それを分析する手がかりとして日本政府が毎年秋に実施している「外交に関する世論調査」を見てみよう（左ページ図参照）。

三〇余年におよぶ日本人の対中感情の経年変化を示す折れ線グラフを見ると、天安門事件が起きた一九八九年（平成元年）に大きな転機があったことが読み取れる。前年一九八八年は中国に「親しみを感じる」との回答が六八・五％と過半数を大きく上回ったが、事件後の一九八九年秋の調査では五一・六％と、実に一七ポイント近くの落ち込みとなった。

この総理府（現在は内閣府）による外交世論調査は日中平和友好条約が結ばれた一九七八年に始まった。

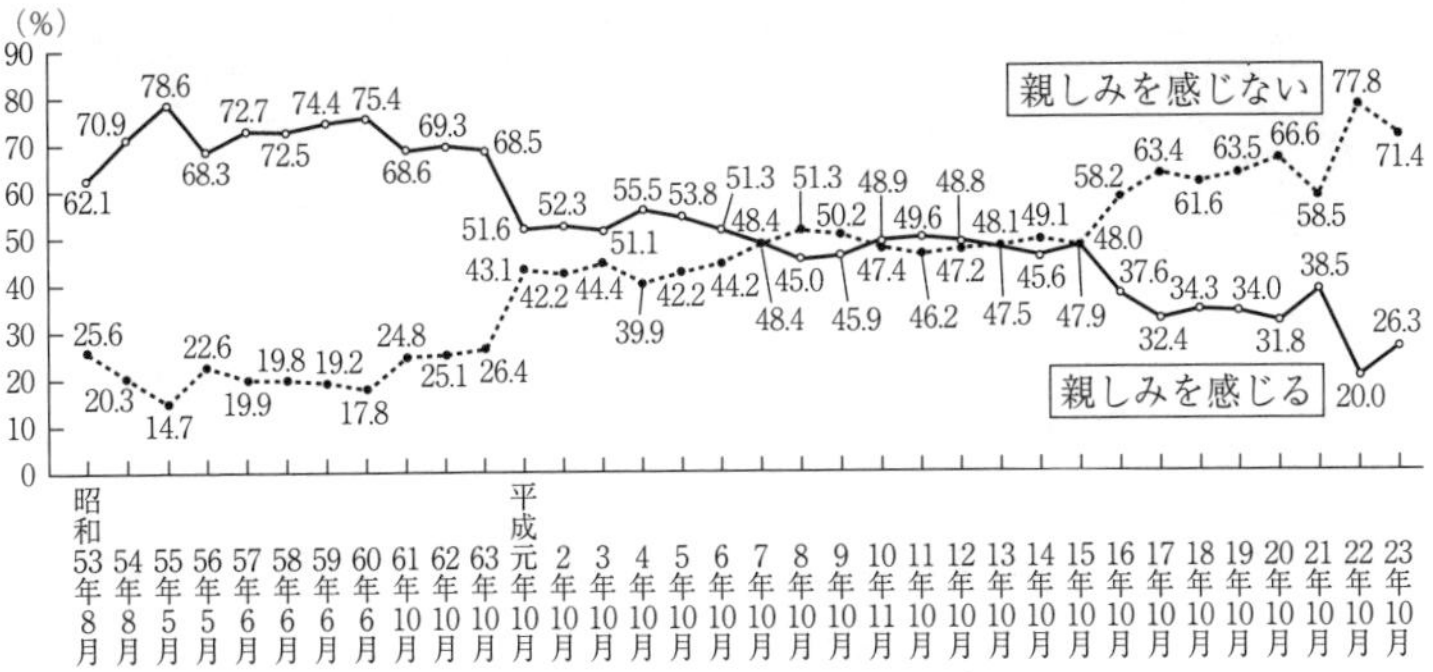

図　中国に対する親近感（内閣府「外交に関する世論調査」）

一九八〇年代は「中国に親しみを感じる」との回答が七〇％前後でほぼ横ばいだったが、天安門事件を契機に下落傾向となり、一九九五年に過半数を割り込む。二一世紀に入ってから再び目立って下落するきっかけとなったのは二〇〇四年と二〇〇五年に中国で二度発生した反日デモ騒ぎだ。これを機に中国に対する好感度は二〇〇四年に三七・六％、二〇〇五年は三二・四％まで急落。そして尖閣諸島沖の中国漁船衝突事件の余韻が漂うなかで行われた二〇一〇年の調査では、「親しみを感じる」との回答は二〇％、「親しみを感じない」は七七・八％と、実に日本人の八割が隣国に好意を抱かないという厳しい状況になってしまった。

まずは天安門事件がなぜかくも日本社会に「反中」「嫌中」感情を広げてしまったのかを考えてみたい。

事件は天安門広場で座り込んで民主化を求めた学生・市民らを排除するために、中国政府が首都北京に建国後初の戒厳令を敷き、武装兵士・装甲車を動員したことで起きた。実弾も発射された広場までの武力鎮圧の過程でデモ隊・兵士双方に、当局の発表でも三〇〇人以上の犠牲者が出た。「人民を解放する軍隊」の暴力的な弾圧場面を映像で見た日本人の心理に与えた衝撃は大きく、一党独裁国家の負のイメージが日本社会に広く拡散したのである。

変わったのは日本人の対中感情だけではなかった。事件は日本メ

1989年6月4日、北京市の長安街で学生らの阻止行動により炎上する装甲兵員輸送車（提供：共同）

ディアの中国報道にも大きな影響を与えた。二〇一一年の言論NPOとチャイナ・デーリーによる日中共同調査によると、日本人の中国に関する情報源は九四・三％がニュースメディアで、うち七九・四％はテレビからという実態がある。事件を契機とする日本メディアの中国報道の変質は日本社会で「反中」「嫌日」感情が広がったことと密接に関連しているといえよう。

日本メディアの中国報道は事件の前後で、具体的にどのような変化があったのか。

日中間で常駐記者の交換が実現したのは一九六四年だった。二年後に始まった文化大革命の一〇年間はさておき、改革・開放政策が開始された一九七〇年代末以降、天安門事件までの中国報道の背景にあった日本メディアが共有する中国認識は、文革期の暗く閉ざされた国から「改革」「開放」によって明るく開かれた国になろうとする動きを好ましい変化だとする見方だった。先に近代化を達成した日本は遅れてくる隣国に手を差し伸べるべきであり、「普通の国」になろうとする中国の積極面や、友好的な両国の民間交流をどしどし伝えていくべきだ、と考えて報道にあたった特派員も少なくなかった。

前述の外交世論調査で一九八〇年代の日本人の対中好感度が七〇％前後で安定していた背景には、こうした日本メディアの中国報道が中国のプラス面を伝えることが主流で、総じて前向きなものであったという事情が働いていたともいえるだろう。

ただこの時期にも日中間に摩擦がなかったわけではない。過去の歴史に根ざす問題として一九八二年には教科書問題が発生し、一九八五年には中曽根康弘首相の靖国神社公式参拝、そして日本製品の集中豪雨的な流入に拒否反応を示した北京の大学生らが天安門広場で抗議デモを敢行。さらに閣僚からの戦争責任をめぐる「問題発言」といったトラブルも相次いだ。しかし中国政府のこの時期の対日政策は改革・開放政策を軌道に乗せるために円借款や技術協力、投資など経済面の支援を日本から引き出すことに軸足があった。歴史問題にこだわりを見せつつも、個々の問題が日中関係の大局に影響を及ぼさないように慎重に対処するとの姿勢が堅持されていた。

そうした両国の微妙な間合い、メディアの基本姿勢を変化させる転機となったのが天安門事件だったのである。経済発展を続ける中国はやがては政治面の近代化にも着手し、西側諸国の価値観に近づくだろう。そうした期待感、希望的な観測に水をかけられた日本メディアの前向きな対中認識は一気に冷え込んでしまった。それにかわって価値観を共有しない「異質な中国」との認識が広がり、国民の民主化要求に耳を貸さない一方で軍事力強化に邁進する「中国の脅威」を強調する論調も目立ち始めた。国防費予算が公表額ベースで一九八〇年代末から毎年二ケタ台の増加を続けた。一九九五年には核実験を強行。日本近海で活発化する海洋調査船などの行動が日本人の心理に微妙な影響を与え、対中警戒心を呼び起こした。

一九九〇年代、日本の書店の棚には黄色や赤色の派手な装丁で中国の異質性や脅威感、あるいは崩壊論を煽る「反中」「嫌中」本があふれた。ただ、中国は天安門事件から立ち直って再び二ケタ台の高度成長を歩み出す。他方の日本はバブル経済崩壊後の先の見えない不況トンネルに突入する。戦後復興と高度成長を実現した政治、経済、社会システムにほころびが現れ、それが隣国の放つ光によって照らし出される。日本人の間に「台頭する中国」に対する反感、ねたみ、脅威感といった屈折した感情がかもしだされ、それが「反日」「嫌日」本の受け皿となった側面も否定できない。日本メディアの中国報道にもどちらかといえば中国のマイナス面を切り取って伝えようとする傾向が強まった。

「愛国＝抗日＝反日」の構図

この時期、とくに一九九〇年代半ば以降の中国社会においてもナショナリズムが台頭し、それが「反日」「嫌日」感情と結びついていった状況も目立つようになる。その背景には何があったのだろうか。

まず注目したいのは天安門事件ですっかり色あせた社会主義イデオロギーに代わる国民意識を束ねる核として、愛国主義や民族主義が強調されるようになったことである。

中国社会に登場したナショナリズム、民族主義的情緒の矛先は、当初は天安門事件で対中圧力を強めた米国に向かったが、それが徐々に歴史問題に刺激される形で日本に向かうようになった。日中関係で歴史問題が主要テーマに浮上したのもこの時期だった。

天安門事件で日本は西側諸国の対中制裁に加わったが、いち早く中国に救いの手を差し伸べたのも「中国を孤立させるべきではない」とする日本だった。一九九一年、当時の海部俊樹首相が西側首脳として天安門事件後初めて訪中。翌一九九二年には「過去の歴史」に一つの節目を記すことが期待された天皇の訪中も実現した。にもかかわらず戦後五〇年の節目以降、一九九〇年代後半の日中関係は日本側の期待通りには動かず、むしろ歴史問題が前面に出てくる状況となっていく。

詳しくは次章で触れるが、天安門事件後の政権を担った江沢民《こうたくみん》が打ち出した愛国主義・民族主義を重視する教育方針が中国社会、とりわけ青年層に「反日」「嫌日」感情をかもす要因となったことは否定できない。この愛国主義教育の根拠となる共産党中央「愛国主義教育実施要綱」が公布されたのは一九九四年八月。要綱は学校現場での愛国主義教育の強化を指示するだけでなく、中国メディアに対しても「愛国主義を主旋律とし、強烈な愛国主義の雰囲気を創造する」よう求めている。全国各地の抗日戦争にまつわる記念館や記念碑などが愛国主義教育基地に指定されたが、「抗日戦争と国共内戦に勝利して新中国を建国した中国共産党の功績」が強調されればされるほど、「愛国＝抗日＝反日」の構図が浮かび上がったのである。

ただ、中国青年層の反日デモの要因のすべてを「愛国主義教育」に結びつけるのは、やや短絡的すぎるだろう。しばしば指摘されるように中国の反日デモの背景には中国国内に蓄積された社会不満がある。とくに拡大する一方の経済格差、とりわけ豊かな都市部における、いわば勝ち組・負け組の格差によって生じている不満が投影されている。若者たちは経済発展で自信を強め、大国意識を持つようになったが、一方で国際社会からそれにふさわしい遇され方をされていないとの不満から、とくに日本ということなく、とにかく外国に対して「ノー」と叫びたいという民族主義的な感情を膨らませている。

一九九九年に旧ユーゴ・ベオグラードの中国大使館が北大西洋条約機構（ＮＡＴＯ）軍機によって爆撃されて死傷者が出た際には、実際に攻撃に参加したのが米軍のステルス爆撃機であったため、北京では連日、米国大使館や英国大使館などに大規模な「反米」「反ＮＡＴＯ」デモが押し掛けた。二〇〇八年の北京オリンピックの際はチベット問題に関してオリンピックをボイコットする可能性を示唆した大統領発言に反発した若者たちによる仏大手スーパー「カルフール」をターゲットとする反仏デモが全国に拡大し、大規模な不買運動も起きた。このほかにコメンテーターが中国人を侮辱する発言をしたとされるＣＮＮ北京オフィスにも抗議デモの波が押し寄せたりした。

こうしたデモの際に注目されるのは横断幕やプラカードにしばしば見られる「中国人は二度と侮られない」「一〇〇年前の屈辱を忘れるな」といったスローガンである。中国青年層の深層心理には一九世紀半ばのアヘン戦争以降、一〇〇年以上にわたって欧米列強や日本に侵略された結果、半植民地状態に貶められ、発展を妨げられたという「負の記憶」が存在していることがうかがえる。歴史のトラウマは実に根深いものがある。

上記のようなデモが発生した場合、すべてが当局による「やらせ」であるとの見方がある。筆者は必ずしもそうではないと考える。デモ騒ぎが起きた場合、中国の当局には「一定の範囲まではデモを許容しよう」という姿勢がうかがえるのは確かだ。当局が最優先するのは若者たちの怒りを「反日」「反欧米」の範囲にとどめ、万一にも「反政府」「反共産党」に向けさせないことだからである。そのためには一定程度、彼らの民族主義感情をガス抜きする必要がある。一九九九年の「反米」デモの際には当局がコースを指定する標識を立て、終了時には北京西郊の学園地区まで貸し切りバスを手配して学生たちを送り届けたのは、こうした当局の意図をうかがわせるに十分だった。同時に政府のスポークスマンは学生らに「弱腰」と受け取られないよう、国内的には強い姿勢で臨んでいるという点を強調するのが常であることも忘れてはいけない。

メディアとナショナリズム

一九九〇年代は中国ではメディア環境に重要な変動が生じた時期であった点も留意すべきであろう。新聞・雑誌・テレビ・ラジオが代表する伝統的メディアの世界の変化と、インターネットがもたらした新メディアの登場という二つの大きな変化である。

従来の中国式情報秩序とはどのようなものであったか。すべての重要情報は共産党と政府に独占され、政権にとって都合がよいと判断された情報だけが選別され、それが上から下へと一方通行的に流された。指示された情報のみを垂れ流す新聞やテレビは、共産党の「喉と舌」「拡声器」と位置づけられていた。報道機関というよりは宣伝機関といったほうがふさわしい存在であり、民主主義社会で期待される権力のウォッチ・ドッグ（番犬）という機能は与えられていなかった。

しかし、改革・開放政策が進展して市場経済化がすべての分野に及びはじめると、中国共産党のメディア管理のグリップも次第に弱体化しはじめる。また市場経済化に伴ってメディアに対する党や政府の補助が削られ、独立採算性への移行も求められた。メディアも生き残りをかけ、宣伝機関の衣を脱ぎ捨て、「読まれる新聞」を志向せざるを得なくなった。こうして続々と誕生したのが官報色を脱した都市報や夕刊紙といった、大衆のニーズに立脚した紙面づくりを心掛け、広告媒体として商業性を重視する大衆紙だった。公害問題や役人の不正を追及するなど社会問題に鋭く切り込む記事が登場する一方で、読者の関心を引くために娯楽記事やセンセーショナルな話題が増えた。そうした商業化の流れのなかで「愛国主義」を錦の御旗に押し立てて、派手な見出しで「反日」を売り物にする報道も目立つようになったのである。

もう一つ、中国式情報秩序に大きな風穴を開けたのがネット情報空間の誕生だった。今まで一方的に情報の受け手の位置に座らされていた民衆がインターネットによって自らの声を発信する手段を手にした。情報の流れが上から下への一方通行であったのが、初めて双方向になった意義は実に大きなものがあった。中国におけるインターネットの普及ぶりはすさまじかった。一般向けのインターネット接続サービスが始まったのは一九九〇年代半ばだったが、二〇一一年末でアクセス人口は五億人に達した。今や中国の大衆の抱く対日意識、イメージの形成への影響力は伝統メディアよりもインターネット情報のほうが大きいとされる。

こうした中国の情報空間の変貌を前提に、一九八九年の天安門事件以降、二一世紀に入ってから日本人の対中好感度を大きく下げてしまった二つの事態にも注目しておこう。それは二〇〇四年夏、日本と中国が決勝で対決することになったアジア杯サッカーをきっかけに発生した反日デモと、翌二〇〇五年春に中国各地で発生し、日本の外交施設や日本料理店などが破壊を受けた反日デモ騒ぎである。

二〇世紀から二一世紀をまたいで日中関係にも「失われた一〇年」とも呼ぶべき時期があった。それは中国側で歴史問題に強いこだわりを見せた江沢民政権下の一九九〇年代後半から、日本側で靖国神社参拝に固執して日中関係を冷却化させた小泉純一郎政権下の二〇〇〇年代半ばまでのことを指す。この間に上記の二度の反日デモが起きた。

日中ジャーナリスト交流会議は日中関係が「国交正常化以来、最も悪化した」とされる状況のなかで発足した。両国のメディアが双方の国民のナショナリズムを煽り立てるといった状況があるが、この不幸な連鎖をどこかで断ち切れないか。そもそも両国のメディアにはどのような違いがあるのか。その違いを乗り越えて協力することは可能なのか。そうした問題点について腹を割って話し合おうという狙いからはじまったのである。

二〇〇五年春の「反日」デモは小泉首相が執拗に続けた靖国神社参拝だけでなく、日本政府が国連安全保障理事会の常任理事国入りを目指して始めたキャンペーンに触発された中国青年層のナショナリズムの跳ね返り現象といえたが、中国側のむき出しの「反日」感情を見せつけられた日本側にも「傲慢な中国はけしからん」「いつまで謝罪をさせられるのか」といった「反中」「嫌中」感情が高まりを見せた。それがまさにわれわれが心配したナショナリズムの連鎖反応である。

この時期、筆者はテレビのニュース番組「報道ステーション」（テレビ朝日系）でコメンテーターを務めていたが、画面を見ていて心配になることがあった。映像メディアは活字メディアに比べると「感情に働きかけるメディア」という性格が強い。デモ取材でテレビカメラが切り取ろうとするのは視聴者の感情をわしづかみできるような映像である。たとえば中国の若者らが北京の日本大使館や上海の日本総領事館に投石して窓ガラスを破壊したり、墨汁や卵を投げつけて壁を汚したり、あるいは日系スーパーや日本料理店のシャッターを足蹴りしたりするシーンだ。

そうした映像素材を電送で受けた東京本社サイドは、素材のなかでもできるだけインパクトが強い映像を選んで編集する。「名場面」であればあるほど繰り返し放送され、多くの番組で使われる。現実の一部にしか過ぎない「切り取られた映像」は視聴者には中国で起きていることのすべてだと刷り込まれ、一つの物語としてひとり歩きを始める。そういう仮想現実に刺激された日本の若者が「中国はけしからん」と「反中」「嫌中」感情をかき立ててしまうのである。

日中ジャーナリスト交流会議では、双方のメディアが双方国民のナショナリズム、民族主義感情を煽り立ててしまう「メディア・ナショナリズム」には警戒が必要であるという認識では一致した。では、どうすべきか。中国側は国民感情の改善には「友好」をキーワードにして一定の方向性を持った報道が必要だと主張する。これに対し日本側はあくまで事実報道を重点とすべきで、政治的な方向性を持った報道はなじまないと反論。この点は政治体制の違いに由来する、双方メディアがなお埋めきれない溝といえるだろう。

第2章　日中関係のくびき

1 「歴史」「愛国」「反日」の相関関係

中川　潔

第一回日中ジャーナリスト交流会議で、私は過去八年余りの中国取材経験のなかで最も無力感を味わったエピソードを紹介した。

「サッカー・アジア杯の反日的行為。その現場を少し離れると、いつもの静かな日常であることも記事として書いたが取り上げられず、ニュースは混乱一色となった」

「反日」の現場から

二〇〇四年八月七日、日中が対決したサッカーのアジア杯決勝の取材である。もう少し詳しく、当時の状況を紹介したい。

その年の一月に当時の小泉純一郎首相が就任以来四回目となる靖国神社参拝を行い、四月には尖閣諸島に中国人活動家七人が上陸するなど、日中間の火種がキナ臭さを増している最中に決勝戦を迎えた。

中国のサッカー熱は日本以上である。当然のことながら混乱が予想され、中国側は一万二〇〇〇人の警備部隊を配置して万全の体制を敷いた。事前にさまざまな噂が飛び交い、日本の右翼団体が観戦に来るという情報まで流された。共同通信中国総局も事前の情報収集に努め、当日は記者三人とカメラマンを現場の北京工人体育場に配置した。

案の定、試合会場となった体育場には約六万人が詰め掛けた。中村（レッジーナ）の活躍で日本は優位に試合を運び、福西（磐田）、中田浩（鹿島）、玉田（柏）＝いずれも当時＝がゴールを上げて3対1で快勝した。中国総局でテレビを見ていても、実況中継では周辺で何が起きているかは全くわからない。嫌な予感は的中した。試合が終わって間もなく、現場の記者の一人から電話が入った。「荒れています」。興奮した声だった。

記者が速報で送ってきた一報はこうだった。「試合終了のホイッスルと同時に『この野郎』と怒声。中国敗退に騒然となった競技場にはごみが投げられ、ブーイングの嵐が響いた。北京市の工人体育場のスタンドは、真っ赤な中国国旗『五星紅旗』で埋まり、『抗日』の異様な熱気と緊張感に包まれた」

ニュースの渦中に入ると、とりわけ現場が騒然として激しく動くときは、全体状況が見えなくなるものである。携帯電話の先に怒号が聞こえる。その迫力に負けじと、記者の声も甲高さを増している。こちらも「冷静に現場を見届けて原稿を吹き込んでくれ」と大声で指示した。

それからしばらくして、記者から第二報が入ってきた。「日の丸が焼かれています。数人が拘束されました。日本の公使の乗った車のガラスが中国人に割られたようです。日本人選手のバスにペットボトルや紙くずが投げつけられています」。小競り合いならまだしも、公使の公用車が壊されてしまっては外交問題に発展し、大ニュースとして扱わざるを得なくなる。電話で吹き込んできたファクトを一つずつ、短い速報にして本社に打電した。

後から聞いた話だが、現場には阿南惟茂《あなみこれしげ》・駐中国日本大使（当時）も行っていたが、大使車の運転手は現場が荒れそうになるのを見て機転を利かせて猛スピードで工人体育場を抜け出したが、原田親仁公使（同）

2004年8月7日、北京で行われたサッカー・アジア杯決勝で中国が敗れ、競技場の外で日の丸を燃やす中国人サポーター（提供：ロイター＝共同）

の運転手は関西弁で言う「ドン臭く」、安全運転に徹したために投石を受けたのだという。ともあれ、公用車のガラスが割られた事実は、ニュースとしてグングンと一人歩きしていく。

試合終了後、混乱は小一時間続いた。騒ぎが収まり、現場の記者たちが総局に帰って原稿を差し替えるというので、北京に出店したばかりのセブン-イレブンに食料を買い出しに行った。こういうときに、おにぎりとおでんがある日本のコンビニはありがたい。買い物かごがいっぱいになるほど調達してレジの前に来たとき、店の入口の外に不穏な人影が見えた。一人の青年が自転車を乗り捨てると店内に一目散に走って入ってきた。手には真っ赤な五星紅旗を握り締めていた。

青年は店に入るなり、中国語でこう叫んだ。「ここは日本人が開いた店だ。日本のモノなんか買ってはいけない」。八月の北京は熱い。髪が汗で濡れている。間違いなく工人体育場帰りである。裏声に近いような叫び声は、少しかすれていた。青年は同じフレーズを繰り返しながら、狭い店の中を歩き回り始めた。店内は北京の市民で混雑していた。買い物客の多くは青年を避けるように店の外に出て行った。

買い物かごをレジの横に置いて、精算しようとしたとき、下を向いていたレジ係の青年が小さな声でこう言った。「神経病」。日本語で言うと「精神病」である。店内を騒いで徘徊している青年を指した言葉だった。

セブン-イレブンの店内の状況が、北京市の雰囲気を象徴していた。怒号と興奮が渦巻いた工人体育場。でも、そのわずかな空間以外は、いたって平静な市内の日常。そう思うと、急に報道の中身が気になってきた。総局に戻って、若い記者たちの原稿の末尾に、セブン-イレブンの青年の話を付け加えて記事化した。

後日、届けられた共同通信の加盟紙の紙面には、当たり前のことだが、一面に「公用車のガラス割られる」「日の丸焼かれる」という大きな見出しが躍っていた。どこを探しても、セブン-イレブンの青年の話は載っていなかった。反日感情が燃え盛り、それが爆発すれば、大ニュースである。日の丸が焼かれる写真はインパクトがある。新聞紙面は限られており、掲載できる分量も制約される。ニュースの核心が読者に伝われば、そこから先は切り取られてしまう運命にある。

事件の翌日、北京市公安局が日本大使館に「警備上の不備があった」と電話で謝罪した。それでニュースは収束していく。日本の読者にどれほど北京の空気を伝えられたのか。その無力感を、今でも引きずったままでいる。

愛国主義発揚と反日の関係

中国は多様な社会である。その一部だけを切り取る報道のセンセーショナリズムに、当事者として疑問を抱きつつ、それでもなお中国の愛国主義には大いなる関心を持たざるを得ない。一部とはいえ極めて感情的な行動に人々を走らせる愛国主義。とりわけその刃が日本に向かう性質のものだけに、その土壌をしっかりと見極めることが必要であろう。

第一回会議で、こう疑問を投げつけた。

「中国側は反日教育ではなく愛国教育と説明するが、反日的要素があることは明白な事実。その証拠に、中国の教育指導要領を読んだことがあるが、『日本がいかに悪いことをしたかを教え、愛国主義を高める』とあった。教育の枠を超えて、日本を敵に仕立てるという政治的意図がないのかと危惧を持たざるを得ない」

「愛国主義」。文字通りの意味は国を愛する、英語でいえばパトリオティズム（patriotism）であるが、日本語のニュアンスから言えばナショナリズム（nationalism）に近い概念であろう。

一九三八年一〇月の「民族戦争における中国共産党の地位」で、毛沢東《もうたくとう》はこう言っている。「国際主義者である共産党員が、同時に愛国主義者でありうるか。われわれは、ありうるばかりでなく、そうあるべきだと考える。愛国主義の具体的内容は、いかなる歴史的条件のもとにあるかによって決まる。日本侵略者やヒトラーの『愛国主義』もあれば、われわれの愛国主義もある」（竹内実訳『毛沢東語録』、平凡社）。毛沢東は、日本やドイツの偏狭な愛国主義と対比して中国の愛国主義を論じている。ナショナリズムに近い概念である。

彼が言いたかったことは、侵略者の愛国主義と異なり中国の愛国主義は、自ら侵略を打ち破り、抗日戦争で勝利を勝ち取り、民族解放を勝ち取るためのものであり、それを通じて帝国主義者が倒れるのであれば、外国の人々も助けることになり、ひいては国際主義につながるという論理である。当時の毛沢東は真剣にそう考えていたのだろう。中国のナショナリズムは排外主義的色彩を帯びたものではないという理想に燃えていた。

しかし、その国際主義を共有していたはずの旧ソ連と一九五〇年代後半から対立するようになり、中国は独自の愛国主義の路線に走り始める。国際主義は影を潜め、一九五八年から一九六〇年にかけての大躍進政策、そして一九六六年からの内向きな権力闘争である文化大革命へと突入していく。愛国主義が増長し、中国共産党の拠り所としての抗日戦争の勝利が喧伝されるようになる。

今でも「愛国主義」について中国の人と議論すると、そのころの話が話題になる。先日、在日中国大使館の四〇代の参事官と食事をしたとき、同席していた「渡辺」姓の同僚とナショナリズムで激論となり、参事官がふと「渡辺さんと呼ぶと、ちょっと感情が交じる」と言って苦笑いした。何のことかわからず、わけを尋ねると、理由は映画だった。

一九六二年、中国八一電影制作の『地雷戦』というタイトルの映画である。参事官は小学生のころ、文化大革命の最中に、この映画を何度となく学校で見せられたという。そのなかに「渡辺」という姓の日本人が登場するというのである。不勉強を恥じ、すぐに中国から『地雷戦』のDVDを取り寄せて鑑賞した。

モノクロ、七五分間の作品。タイトルの後に全画面字幕で作品の趣旨の解説が出てきた。「抗日戦争の時期、敵の背後の根拠地で多くの人民群衆が、毛主席の人民戦争の光り輝く指導のもと、中国共産党の指導のもと、積極的に群衆的な遊撃戦を展開し、多くの多様な作戦を創造し、人民戦争の巨大な威力を十二分に示した。この教育映画は、膠東《こうとう》（山東省東部）の抗日根拠地で多くの人民群衆が地雷戦を展開し、われわれの主力部隊と協力して日本の侵略者を打ち破った英雄の業績を紹介したものである」

この前書きに、作品の中身がすべて書かれている。現在の山東省海陽市で実際にあったとされる農民たちの地雷を使ったゲリラ戦を描いたものである。正規軍の八路軍の力も借りて、兵力では負ける日本の駐屯軍に対していかに農民たちが工夫して戦い、勝利したかを紹介した映画である。

さぞかしいかめしい革命映画と心して本編を見始めたら、これが以外と楽しめる。一九六〇年代の作品としては、よくできている。軽いタッチの表現も織り交ぜ、狡猾な日本軍を相手に、工夫に工夫を重ねて地雷戦で勝利していくストーリー。

そこに「渡辺」が出てくる。日本軍の親玉は中野中尉、その手下でちょび髭をはやした小柄な悪賢い隊長である。農民たちが工夫をこらして敷設した地雷を、巧みに見破って村に侵入してくる侵略者のリーダーだ。

どう見ても滑稽な役柄で、嘲笑の対象なのだが、参事官の頭の中では「怖い存在」として刷り込まれているのだという。小学生がこれを見たらどう受け止めるかを考えると、狡猾ゆえの怖さを感じたのだろう。

この映画、幼少期に文化大革命を過ごした世代以上の人たち、現在の年齢でいえば四〇代以上の人たちはほぼ全員が見たことのある作品である。その視聴者の数からいえば、世界でも有数の作品ということになる。そして、数億人の大脳皮質のどこかに「渡辺」という名前が刷り込まれ、何かの拍子に「渡辺＝悪玉」というイメージが頭に浮かんでくるというわけだ。共同通信社で中国報道に関わる記者に、偶然にも渡辺姓が三人もいる。彼らは日常の現場取材で、大きな「ハンディ」を背負っていることになる。

ただし、もう五〇年も前の作品である。ＤＶＤを北京で調達してくれた知人の話によると、郵送で届いたＤＶＤの周りに中国人スタッフが集まってきて、興味津々、懐かしがって『地雷戦』のディスクをのぞき込んだという。『地雷戦』を含め、数多く出された当時の抗日映画はすでにノスタルジアの対象になっている。当時の愛国主義は比較的高年齢の人たちの潜在意識のなかにしまい込まれているのだろう。

文化大革命の愛国主義は、侵略者をはねのけた中国共産党の正統性を強調するための宣伝手段であり、『地雷戦』やほかの抗日映画を見る限り、帝国主義の侵略者に反抗して祖国の危機を救った共産党への結集を呼び掛けるアジテーションである。その矛先は日本をはじめとする侵略者に向けられたが、国内は権力闘争の内乱状態にあり、事実上の鎖国状態だったのだから、害が外に及ぶことも少なかった。

一九七八年以降、文化大革命は「内乱」として否定され、改革・開放の時代が始まると、荒れた社会の立て直しのために「五講四美《ウージアンスーメイ》」(文明、礼儀、衛生、秩序、道徳の五つを重視し、心、行動、言語、環境の四つを美しくする)運動が始まり、愛国主義は影を潜める。しかし、問題はその後である。

一九八九年の天安門事件を経て、中国は本格的な市場経済に突入した。社会主義イデオロギーは行き場を失い、脱イデオロギー化が進むなかで、国の統合を支える思想的基盤として愛国主義が強調されるようになった。国の統合、つまりは共産党の正統性を担保するための手段として愛国主義を再び活用することになった。

改革・開放政策を担った鄧小平はくり返し、愛国主義精神の発揚と、共産党と国家と社会主義を愛することを教育する必要性を強調していた。ただし、そこに強烈な民族主義や排外主義の臭いはなかった。世界のマーケットに打って出ることの必要性を鄧小平は十分知っていたからである。

彼が次世代の江沢民に実権を託した後の一九九四年八月、共産党中央宣伝部が「愛国主義教育実施要綱」を制定した。ここでも愛国的情熱を強調しつつ、「愛国主義教育は対外開放の原則を堅持しなければならない。愛国主義は決して狭隘な民族主義ではなく、われわれは中華民族の優秀な成果を継承し発揚するだけでなく、資本主義先進国を含む世界各国が創り出したあらゆる文明の成果を学習し吸収しなければならない」(第四条)と、まっとうな国際主義を謳っていた。だが、その後の数年、その最も大事な国際主義の部分が、あまり強調されなかった。

天安門事件による国際的な孤立から完全には脱却できず、台湾では李登輝総統が独立志向を強める国際環境も影響し、江沢民が進めた愛国主義教育キャンペーンは、必然と内向きになっていった。海外に中国への投資を呼びかける一方で、仮想敵国を念頭に置いた愛国主義教育が国内で叫ばれる。その文脈上で江沢民は日本に対して歴史問題を必要以上に押しつけていった。当時、私は北京に駐在していて、そのアンバランスな政策運営に、時として憤りさえ感じていた。

バランスを欠いた歴史教育

手元に高校の先生向けにつくられた一冊の本がある。『高級中学中国近代現代史下冊（必修）、教学参考書』。日本で言えば、近現代史の指導要領である。一九九五年、人民教育出版社刊。まさに愛国主義教育キャンペーンが始まって間もなく改訂された指導要領である。北京駐在当時、知人がこっそりとプレゼントしてくれた。中国の歴史教科書の内容は、日本でも紹介されたことはあるが、指導要領はこれまでないと思う。いい機会なので詳しく紹介する。

指導要領の近現代史は、教科書に合わせて一九二七年の南京国民政府成立から始まる。全部で三二六頁。このうち抗日は七四頁に及び、全体の約二三％を占める。満州事変から説き起こし、盧溝橋事件、全面的な日中戦争、そして日本の降伏まで、中国共産党の視点で日本との関係に触れている。

日本関連部分は第一章の第三節、第四節と、第二章の第一節から第四節まで。それぞれの節で、基礎知識目標、思想教育目標、教育要点、教材分析、教育建議、資料・注釈の順に詳しく解説している。最も注目されるのは「思想教育目標」。生徒たちの頭に、こういうことを植えつけなさいと懇切丁寧に書かれている。各節の思想教育目標を読めば、この指導要領の意図が見えてくるので、日本に関係する部分に絞って、少し長くなるが詳しく紹介する。

第一章「国共の一〇年対立」

第三節「日本の中国侵略と、紅軍の戦略的転換」

＝思想教育目標＝

▽九・一八事変（満州事変）の紹介を通じて、それが日本帝国主義による中国植民地化への重大な第一歩だったことを学生たちに認識させる。日中間の矛盾が主要矛盾となった当時、日本帝国主義の侵略に反抗することこそが中華民族の歴史的責任となったのである。

▽蒋介石の「攘外必先安内」（まず国内安定を図り、その次に外敵の駆逐にあたる）政策を暴露することを通じて、侵略者と妥協し、紅軍に対して「囲剿《いそう》」（悪者を囲み滅ぼす）した反動性を学生たちに認識させる。

▽紅軍の第四次、第五次の反「囲剿」と、長征の紹介を通じて、中国共産党が成功と失敗の実践を繰り返しつつ成熟に向かっていたことを学生に認識させる。

第四節「抗日民主運動の勃興と高揚」

＝思想教育目標＝

▽抗日民族統一戦線の方針制定の過程を教えることを通じて、中国共産党が刻々と変化する革命情勢をしっかりと把握し、その時点に適合し全民族の利益にとって必要な正しい政策を確定させたことを学生に認識させる。

▽一二・九運動（北京で起きた反日学生運動）を教えることを通じて、革命の伝統と革命の人生観に関する教育を学生たちに行い、社会主義現代化建設に貢献する愛国感情を学生たちに啓発する。

▽西安事件の平和的解決の過程を分析することで、抗日で団結することが、民族と時代にとって最も必要だったことを学生に認識させる。共産党は大局を考え、過去はともかくも、国民党と手を組み、全民族の抗日戦争に貢献したのである。

第二章「中華民族の抗日戦争」

第一節「抗日戦争の爆発と国共連合抗日」

＝思想教育目標＝

▽抗日戦争の初期の史実を教えることを通じて、抗日戦争が統一戦争の旗印のもとで行われた全民族による戦争であり、作戦はすべて相互に協力されたものであったことを学生に認識させる。これにより国家と民族の利益が党派や階級利益よりも勝るという愛国主義教育を学生に行う。

▽七・七事変（盧溝橋事件）以来、日本の帝国主義が中国に行った野蛮な侵略行為、特に南京大虐殺を教えることを通じて、ファシスト侵略者を恨む感情を学生に啓発する。同時に人類の平和と進歩の事業に貢献する精神を樹立させる。

▽抗日民族統一戦線が確立するなかで共産党が果たした積極的な役割と、「論持久戦」（毛沢東の持久戦論）が発表された意義などを教えることで、中国共産党を熱愛する感情を学生に啓発する。

第二節「日本帝国主義の植民統治」

＝思想教育目標＝

▽汪精衛《おうせいえい》（汪兆銘）集団が設立した傀儡《かいらい》政権を教えることで、国に背き、敵に投降した汪精衛集団は日本の対中侵略政策の産物であり、汪の傀儡政権が、日本が中国を統治するための道具であり、汪精衛集団は恥ずべき漢奸《かんかん》売国奴であることを学生に認識させ、国に背き敵に投降する者への恨みを学生に啓発する。

▽日本の野蛮な経済搾取と奴隷化教育と残虐統治を教えることで、日本の侵略行為が人民に深い災難をもたらしたことを学生に認識させ、ファシストへの恨みを啓発する。

▽人民の抗日闘争を教えることで、学生の愛国感情を強化する。

第三節「国民政府の内外政策」

＝思想教育目標＝

▽周恩来と葉挺《ようてい》が皖南《かんなん》事変（一九四一年に安徽省で起きた国民党軍と共産党軍の武力衝突）の前後に国民党の強硬派と戦ったことや、張自忠が棗宜《そうぎ》会戦（宜昌作戦、一九四〇年に日本軍が湖北省宜昌の攻略を目指して中国軍と戦った）で見せた壮烈な殉国行為を教えることで、学生に革命伝統教育と愛国教育を行う。

▽中国共産党が国共合作の局面を維持し、抗日民族統一戦線を頑なに守り、拡大したことを教えることで、中国共産党が抗日民族統一戦線のなかで果たした主導的な役割を学生に深く認識させる。

第四節「共産党による抗戦堅持と抗日戦争の偉大な勝利」

＝思想教育目標＝

▽中国共産党が抗戦を堅持し、投降に反対し、根拠地において軍人と民間人が困難を克服するよう指導し、党の七大政治路線を制定した史実を学習することで、共産党が戦争勝利を勝ち取るうえで中心的な支柱の役割を果たしたことを学生に認識させる。

▽日本軍の根拠地に対する狂ったような「掃討」作戦や、野蛮な「三光政策」と、無条件降伏に追い込まれた史実を教えることで、侵略者がいかに残虐な行為に出ても、最後は恥ずかしい降伏の運命から逃れられなかったことを学生に認識させる。

▽抗日戦争に勝った歴史的な意義を教えることで、中国の抗日戦争が世界の反ファシスト戦争に果たし

た貢献を学生に認識させる。また、日本がファシスト侵略戦争を発動したことは、中国人民に巨大な災難をもたらしただけでなく、日本人民にも堪え難い苦痛を与え、日中両国の平和友好が両国人民の共通した願いであることを学生に認識させる。

各節の思想教育目標を羅列してみると、その一貫した教育方針がよく見てとれる。「日本帝国主義」の「侵略者」が「植民地統治」を通じて残虐行為に走り、それを常に正しい「中国共産党」が打ち負かしたという構図である。全部で六節にわたるので、恐らくは六回の授業を通じて、徹底的な刷り込み教育を行うのであろう。

歴史をどう教えるか。それは一国の教育方針に基づいた施策である。客観的な史実を丁寧に教えることが基準であり、その先、どう歴史を捉え、解釈し、教訓を今後にどう生かしていくかは、学生たちが考えることなのだと思う。史実の解釈をここまで押しつける教育には正直、抵抗を感じる。この教育を受けた無垢な高校生たちの脳裏に刻まれた日本のイメージは、そう簡単に払拭されないだろう。

イデオロギーの時代がほぼ収束に向かい、思想的基盤を失った中国共産党が、その政権政党としての正統性をこの史実に頼らざるを得ないという事情はあろう。だが、腐敗が蔓延する中国共産党の現状を若い人たちが知るにつれ、その正統性刷り込み教育が、いつか破綻しないか、余計なお世話かもしれないが心配をしてしまう。

中国共産党も、過去に過ちを犯している。反右派闘争から大躍進へといたる失策、そして一〇年間にわたる文化大革命。そのことについて指導要領は第六章「社会主義建設は探索のなかで曲折前進」と第七章「文化大革命の一〇年内乱」で触れてはいる。だが分量は日本関連の七四頁に比べ、半分の三七頁しかない。文化大革命の思想教育目標はこうなっている。

▽一〇年の内乱が発生した原因を教えることで、その発生は偶然ではなく、党内の「左」派の誤った発展の結果であったことを学生に認識させる。
▽四・五運動（一九七六年四月五日、天安門広場で、周恩来追悼の花輪を北京市当局が撤去したことに民衆が激怒、騒乱状態となった事件）を教えることで、中国人民が愛憎を区別し、善悪を分別し、悪を排除する力を持っていることを学生に深く認識させる。
▽林彪《りんぴょう》、江青の二つの反革命集団への打倒を教えることで、中国共産党が偉大な党であり、自分の問題を解決する能力があることを学生に深く認識させる。

文化大革命が「人民にもたらした重大な災難」への言及はほとんどなく、悪者を仕立てて共産党の正当性を訴える教育になっていることに、中国教育の独自性が象徴されている。

そうした愛国主義教育がどれほど今の若者に影響を与えているか。問題はそこにある。経済規模が世界第二位にまで成長し、グローバルな視点を持ち始めている若者たちが、高校までの歴史教育に価値観を左右されているようには思えない。

グローバリゼーションは、まずはモノ、そしてカネが国境を超え、最後はヒトが行き来する。現在、日本に滞在する中国人の数は約六〇万人といわれる。逆に中国に滞在する日本人の数も短期滞在を含めれば上海だけで一〇万人、中国全土で二〇万人を超すと見られている。その数は今後も増えていくことは確実で、国境の壁がますます低くなっていく。

そんな時代に、共産党の価値観を一方的に唱えても若者はついてこないだろう。歴史を風化させてはいけない。とりわけ被害者と加害者の感情の温度差がある場合はなおさらだ。それを大前提としながらも、客観的な史実を学び、世界のさまざまな価値観を学び、真の意味での国際主義を身につけなければ、時代に取り残されてしまう。「そんなこと、外国人に言われなくてもわかっていますよ」と、中国沿岸部の発展都市に生きる若者たちなら微博《ウェイボー》（ミニブログ）でつぶやくかもしれない。

2　反日デモの実際とその底流

富坂　聰

歴史問題討論の隔靴掻痒

「おい、こんなのは討論じゃないよ。ただの発表会じゃないか」

日中ジャーナリスト交流会議第三回会議が始まって間もなく、田原総一朗座長が進行に突然ストップをかけ、首を傾げながらこう苦言を呈す場面に出くわした。議論の主題は、「反日デモの背景」だった。ちょうど「中国側のメディアは真実を伝えていない」と日本側が指摘し、それに対して中国側のパネリストたちが反論するという攻防の最中だったと記憶している。中国側のパネリストはともかく、日本側メンバーには座長の批判に思い当たるところがあったのか、会場はシンと静まりかえった。

だが、議場でパネリストたちが行った発言が消極的で勢いがなかったわけではなかった。むしろ制限時間を大幅にオーバーして発言を続けるパネリストが多く、双方が手厳しく相手（個人ではなく）を責め立てる場面も少なくなかった。

だが、にもかかわらず会議全体として見ると、なぜか抑揚のない空気が終始会場を支配し続けているようにも感じられた。「ただの発表会……」という表現はこんな空気を表現したものだった。

実は、厳しい発言が飛び交うのとは裏腹にどこか議論が低調になる現象は、歴史問題をテーマに日中間で話し合いを行う場合に陥る一つの宿命ともいえる問題だった。互いの国が抱える制度の違いももちろん原因だが、それだけではない。生産性のない罵り合いになることを避けようとすれば、どうしても相手に対する「配慮」も必要になり、またこのテーマを突き詰めた先に何があるのかを考えたときの一種の「諦観《ていかん》」も漂うからだ。

歴史問題をテーマに日中の識者が集まって討論を行うという試みは、日中ジャーナリスト交流会議が初めてのことではない。これまでもさまざまな企業や研究機関、交流団体が窓口となって行われてきた。雑誌などが商業ベースで企画する討論会や座談会もあり、私自身そのいくつかにかかわり、また実際、討論に参加したこともあった。

出席者はたいてい歴史学者や国際問題の専門家、ジャーナリストといった面々になるのだが、すべての人に共通しているのは皆、「立場を背負って、負けるわけにはいかない論戦に挑んでいる」ことだ。つまり日本代表と中国代表の論戦ということになるので、この議論にはそもそも「なるほどそういうことだったのか」と、どちらかが歩み寄り妥協するといった決着点は望めないのだ。

これが「諦観」の正体だが、もう一つの「配慮」も同じように、一つの結論に結びつかない議論を徹底的に詰めて白黒をつけることへの虚しさが働き、相手を論破するようなフォーカスが働きにくい。そのため一つの狭いテーマをめぐってキャッチボールが交わされ、結果、一方が徹底的にやり込められるといった状況にはなかなか至らないのである。発表会の様相を帯びやすいのは、立場を背負ったパネリストたちが本当に意識する相手が、場内にではなく場外（互いの国民）にいるという性質もあるからだ。

反日の元凶は愛国教育なのか

さて、ではこんな状況下で当会議は日中間の懸案である「反日デモ」という敏感な問題にどのようなアプローチができたのだろうか。一つの追い風は、日中ジャーナリスト交流会議が非公開で、個人の発言の責任を問わないことが担保されていた――といっても日本の報道ベースでという話だが――ことだった。その意味で、一字一句が活字になる前提で行われた討論に比べればより自由な発言が可能だったということだ。

討論の全体を通じて私がとくに印象に残ったことが二点。一つは、報道の自由についてだった。より正確に表現するならば、中国のメディアがいかに不自由かという日本側の指摘に対する中国側の反論だった。

このテーマに対して私は、中国側からもっと価値観の視点からの反論があるかと思ったが意外にも少なかった。せいぜい日本側が「日本のメディアでは総理大臣のスキャンダルも自由に報じられる」と指摘したのに対して、「はたしてそれが健全なメディアなのか？」「それで世の中がよくなったのか？」といった反論が出た程度だった。

一方、メディアの自由度に関しては、すべてのパネリストが具体的な事例――各自が出身媒体の事例を持ちだして――を含めて言及し、日本側が思っているほど管理されてはいないことを強調したのである。

反日・嫌中問題に限らず、国境を越えた摩擦であれば、その大半は文化ギャップを背景にして生まれることが多い。報道に対するこの日中間のギャップも同じように考えることができるが、加えて重要なのが加速度のベクトルという視点である。これは相対と絶対と言い換えてもよいかもしれない。具体的にいえば、中国のメディア事情も不自由から自由に向かっていることは間違いない。その変化を現場で実感している記者たちにとって、経験もしたことのない自由度を基準にして「君たちは不自由な環境のなかで取材している」

ではないか。

と日本側から指摘されても、今ひとつピンとこないというか、「余計なお世話だ」というのが実感だったのではないか。

この感覚は、実は経済状況から満足度や幸福度を比較する作業のなかでもたびたび見られるすれ違いである。リーマンショック後の日中を比較すれば、経済の西高東低は誰も否定しない感覚に違いない。だが、実情は必ずしもそうではない。というよりも収入の絶対値としての高さはもちろん、社会インフラの成熟度や平均的な生活レベルなどから見れば、日本人の環境のほうがはるかに上である。それはトランク一つ持って中国を移動してみればわかるが、北京でも上海でも快適というわけにはいかない。道はでこぼこでエレベーターが完備されているわけでもなく、途中で用を足そうとすればさまざまなことを我慢しなければならない。

しかし、リーマンショック後の日中を比較したとき、あきらかに日本人が中国人を羨む、もしくは恐れるという状況が顕著になっているのである。これも加速度のベクトルの問題ということができるだろう。今日よりも明日、明日よりも明後日が明るいと感じられれば、そこに大きな満足感を見出すことができるからだ。逆にマイナス加速度に囲まれている日本では、現状がいかに優れているかに目を向けることができなくなっているのである。後にも詳しく触れるが、このプラス加速度を奪う相手として日本の存在が中国でクローズアップされたことが、中国が二〇〇〇年以降に大きく反日に傾いたきっかけである。

日本で大きくクローズアップされる歴史問題であるとか共産党政権による歴史教育（愛国教育＝反日教育）がすべての元凶とする説明では、日本以外の国で起きた華人排斥運動やほかの国が中国との間で抱える摩擦を説明することはできないし、そもそも二〇一二年には名古屋の河村たかし市長が南京大虐殺を真っ向から否定する発言をしたにもかかわらず、中国側の反日世論が二〇〇五年当時のように大きく盛り上がることはなかった。わずか五年程度で中国を構成する人々が大きく変わったとは考えにくいので、このことも説明がつかない。つまり、歴史認識問題や愛国教育というものは、「反日」運動を起こさせやすい状況をつくったり、両国間に持ち上がった問題をより激化させたりする働きはするものの、根本的な動機にはなり得ないということだ。

共産党がなくなったら……

中国の「反日」問題を議題にしたとき、日本側が「愛国教育」問題にその解を求めようとすることには、自分たちを「イノセントだ」と思いたいという強い動機と結びついているのだろう。世代的にも戦争の当事者――戦争の発動にはかかわっていないという意味で――ではない世代が中心となった日本で、そう思いたい気持ちが広がることは理解できるのだが、中国の現状も被害の上に築かれた歴史の連続性のなかにある以上、そう都合よくはいかないのである。

もし日本人がイノセントであろうとすれば、中国がつくり出したロジックである「日本国民も戦前の日本を支配した一部の軍国主義者の犠牲者」という立場を取るしかないのだが、その理屈はその「一部の軍国主義者」と中国が名指しするA級戦犯を祀る靖国神社へ首相が参拝することで見事に崩れてしまうのである。

実際、「日本国民も犠牲者」という妙なロジックを生み出した共産党は、ソ連との戦争の危機という国際情勢を背景に対米関係の改善に動くなかで、日本との関係改善にも舵を切ったのである。つまり、現実と過去の整合性を保つために苦しい理屈づけをした結果、生み出されたのが「日本国民も犠牲者」という考え方なのである。その意味では共産党こそ合理的かつご都合主義と言わざるを得ないのだが、日中国交正常化以降は逆に共産党がこの理屈に縛られてゆくのである。そのため共産党にとって日本人は常に「犠牲者らしく過去の政権を憎んでいなければならない」のであって、そのロジックを逸脱する発言を日本の政治家がすれば烈火のごとく怒るということをくり返してきたのである。

実際、戦後のドイツはすべてをナチス党のせいにして戦後処理を行ったのだが、日本にせよ、ドイツにせよ、最終局面で自ら育てたモンスターに酷い目に遭わされることはあっても、そもそもドイツのナチス党や日本の軍部の独走を招いたのは、明らかに国民自身の選択であって、ヒトラーがいなくても別のヒトラーが台頭しただけの話ではなかろうか。

このことは商業的にも世論に敏感にならざるを得ない新聞が先頭に立って好戦的な論を展開したことでもあきらかだが、こんなことを共産党が知らなかったはずはない。苦しいロジックと私が言うのはこういう意味だが、実際に中国の人々――とくに歴史問題に一家言を持つ人たちと話をして「日本国民が犠牲者」などと言って通じることなど皆無なのである。つまり中国で日本の戦争責任を追及しようとする人々から比べれば、中国共産党は驚くほど現実的で柔軟な人々だと知るべきだ。

これは私の実体験だが、学生時代から何度も歴史問題についての議論を中国の市井の人々とくり返すなかで学習したことがある。それは共産党以上に厄介な存在が中国にはあるという事実だ。日本人はもっとその点を認識すべきだ。たとえば私が、「侵略戦争については悪いと思うが、被害者数はあまりに多すぎるのでは……」などと口にすればたちまち烈火のごとく怒りだし、何か言おうとしてもその声をかき消すほどの大声で遮られたり、脅されたり、酷い場合にはビール瓶で殴りかかられそうになったり、家に帰って親戚の遺影を持ってきて「この写真の前でもう一度同じことを言ってみろ！」と凄まれたこともあった。

だが、共産党の党官僚や知識人のレベルが相手であれば決してそんな理不尽な思いをすることはない。もちろん「君の言う通りだ」などという答えは期待できないにしても、少なくとも理屈を戦わせることに支障はないのである。要するに、意図したかしないかは別にしても、こうした強烈な反日と日本人が向き合わなくてもよかったのは、むしろ共産党がバッファーとなって――もちろん日本人のためになったわけではないが——いたからなのだ。

こんな事情があるにもかかわらず、愛国教育悪人説や共産党悪人説が一人歩きし、多くの日本人が「反日教育を推し進めた共産党がなくなれば日中関係はもっとよくなる」、もしくは「反日教育さえなければ、日本人はもっと正当に評価される」とイノセントに考えるのは、現状認識が甘いか想像力の欠如と言わざるを得ない。つまり共産党政権が窓口でなくなった中国を、何の検証もないまま、「もっとよくなるはずだ」と考えているに過ぎず、それより最悪な何かが現出するという考え方が最初から欠落しているのだろう。この見通しの甘さは、実は報道規制がなくなった後のメディアの姿や、さらに大きい話題としてある民主化後の中国という視点でも同じように応用することができるのである。

反日デモを恐れる政権当局

反日デモが起きたとき、日本ではそれを共産党が裏で糸を引く「官製デモ」であると解説された。その理由としてはまず「中国でデモをするのに当局が許可していなければできない」があり、続いて「公安が日本大使館への投石を止めなかった」とし、さらに「デモを主催した保釣《ほちょう》連合会（尖閣諸島＝中国名・釣魚島＝の中国領有権を主張する団体）は軍人が個人的に応援している」からというものだ。だが、まず公安が許可しなければデモが起きないという事実はない。公安が傍観するようにデモを取り巻くのは反日デモに限ったことではない。それは戦略としてデモの初期段階でこれを抑え込むとかえって拡大するからなのである。

私は一九八六年一二月の民主化デモや反日デモなど、実際に学生と一緒に歩いたからよくわかるのだが、どのデモも許可などなく——事前に許可を取っていても必ずその範囲を超えて拡大する——、デモの時点では何もしなくても「秋後算帳《チウホウスワンジャン》」（運動などが一段落するのを待って報復すること）といって事後に先頭に

2005年4月、北京市内で行われた反日デモで、「日本製品ボイコット」などと書いた横断幕を掲げて行進する若者たち（提供：共同）

立っていた人間は酷い目に遭っている。そして最後の「軍人が……」という理由は、実は私が最初に日本に紹介したもので、当時の保釣連合会の童増会長が直接私に語った話なのだが、このとき童会長は続けて、「ただ政府との関係は築けていない。誰か紹介してほしいくらいだ」と言っているのだ。このことはきちんと原稿に書いていたのだが、前半部分だけがひとり歩きしたようだ。

いずれにせよ、保釣連合会は最終的にメンバーの拘束や事務所のパソコンが押収されるなど厳しい取り締まりに遭い弱っていくのを私自身が近くで見ていたので「これのどこが官製デモなのか」と不思議に思ったものである。ちなみに保釣の童増会長が最も熱心に取り組んでいるのが民間賠償問題である。これに関しても保釣側が再三にわたって政府の支持を求めているものの、共産党は彼らの呼び掛けに応じてはいない。

ただ、官製デモと呼ぶべき現象が過去に見つからないかといえば、そうではない。官民というよりも軍民が歩調を合わせたケースだが、日本で典型例とされるのが一九七八年、約二〇〇隻の漁船が大挙して尖閣諸島を目指すという事件が起き、これを二つの軍事基地がコントロールしていたと日本側が確認した事件である。まさに日中平和友好条約締結過程の裏側で起きた事件だけに、日中接近を牽制したい軍の暴走との解説もあるが、もし軍が党に何の断りもなくこれだけの動員をやってのけるのであれば、それは別の意味で明らかに警戒対象となるはずである。つまり積極的な動きではないにせよ、党・国家が漁船の行動と一体化していたと考えざるを得ないのである。

では、一九七八年当時に起きた官製デモがなぜ二〇〇〇年を超えた中国では確認できないのだろうか。さまざまな理由が考えられるが、最も重要な視点は、デモも生き物であり、時と環境によって変化が避けられないということだ。なかでも大きな変化が党（政権）と国民の関係である。毛沢東や鄧小平といったカリスマ的指導者が去った後の中国は、当然のこと、その求心力を大きく失った。鄧小平の時代の中国と現在を、「同じ共産党政権の中国」として分析することは不可能である。共産党の権力は一定程度、官から民へと流れ出ているからだ。

この変化は、たとえ「一党独裁の打倒」や「民主化要求」といった明確な政治目標を持たなかったにせよ、各個人や団体がそれぞれの利益を最大限に拡大させようとするわがままを加速させることによって起きるのだ。これを大雑把に「民意の高まり」とすれば、民意対政権という綱引きが政権運営の底流で大きな作用を果たすようになるのも避けられなかったのである。さらに改革・開放の深化によって拡大した貧富の格差の問題が、人々の間に不穏な空気を充満させたため、政権にとってのデモは、制御不可能なものとなっていったのである。

そしてここに、共産党自身が「反日デモを恐れる」といった状況が現出するのである。反日デモを恐れるというのは第一に、デモを発生させるきっかけをつくることはできても、もはやそれを収束させる手段を失ったためであり、もう一つは自ら火をつけたデモが最終的にどんな形へと変貌を遂げてしまうのか予測ができなくなったからなのだ。

実際、反日デモが盛り上がる裏側で共産党政権は、必死で火消しに回っていたのである。そのことを象徴しているのが、「保釣連合会のメンバーを取材するな」という自粛がメディア向けに呼びかけられていた——このことは保釣のメンバーが不満の一つとして私自身に漏らした——ことでも明らかだろう。つまりこのとき、日本で考えられてきた中国のメディアコントロールとは、全く逆のベクトルが働いていたことになるのだ。

メディア商業化がもたらす変化

日本では通常、中国においては「メディアの言論イコール政府見解」との捉え方がされていて、そこに利害の相反は存在しないと考えがちである。考え方の根拠となっているのは、そもそも中国のメディアは政府の伝えたい事柄だけを無批判に垂れ流すだけのスピーカーとの思い込みと、徹底したチェック機能による検閲が効いていると考えられていることだ。

しかし、現実の中国はそうではない。共産党をしてコントロールが必要だと思わせる原因は、メディアの仕事がそもそも警戒すべき方向に流れがちという性格を秘めているためであって、環境の違いこそあれ日中ともに根本的なインセンティブに大きな違いはないのである。私の知る限り、メディアが一斉に競って報じるようなターゲットを見つけた場合、日中双方ともかなり無責任なイナゴの集団と化して玉石混交の情報を垂れ流すところもそっくりである。違いを挙げるとするならば、敏感なテーマを扱うとき、場合によってはすべてのメディアが新華社配信の記事を一字一句変えることなく掲載するような部分だろう。そして、こうした指摘を会議ですると、中国側のパネリストは決まって、「日本のメディアにもタブーはあるだろう。たとえば商業的な理由での限界であるとか……」といった指摘をするのだ。事実、スポンサーの問題はリーマンショック後のメディア業界の疲弊でより深刻な問題となっているし、卑近な例では広告価値や販売推進力のあるタレント——現在ではジャニーズやAKB48など——のスキャンダルはテレビだけでなく新聞でも扱えなくなってきているので、中国側の指摘の通りなのだが……。

さらに事前の検閲にも実は限界があることを証明したのが二〇〇六年の『氷点週刊』（中国青年報付属紙）事件である。政府が認めた歴史とは異なる歴史の論文を掲載したことで担当者が処分された問題だが、興味深いのは問題の論文が『氷点』の初出ではなく再掲載で、しかも問題発覚が掲載からしばらくたってのことだったという点だ。ここでは「新しい事実を世に問いたい」「既成事実をひっくり返したい」というメディアとしては実に健全なインセンティブが働く反面、編集幹部が持つべき自粛装置もあきらかに働いていなかったのだ。

つまり、こうした事例から判断したとき、メディア発の反日言論は共産党の別働隊として生み出されるのではなく、メディアがメディア自身の利害のなかで選択した結果であると見るのが正しいのではないだろうか。そして最も重要な点は、このときメディアはどんな場所を足場として利害を判断したのかということなのだ。

実は、この答えを彷彿とさせる発言がこの日中ジャーナリスト交流会議の終盤に見つかる。それは今後この会議をどのような形——公開の議論か、このまま非公開で続けるのか——にするのかについて話し合った場面でのことだ。意見を求められた中国側パネリストがこう発言したのだ。

「オープンにしてしまえば商業化の影響は避けがたい。それぞれの媒体は、それぞれ読者や視聴者を抱えている。だから公開となれば、そうした読者・視聴者を意識した発言にならざるを得ない。そうなれば、この話し合いはただの討論ショーになってしまうだろう」

このパネリストが「政治的」な理由ではなく、「商業的」な理由を持ち出したのは方便ではない。もし政治的な理由であれば、彼らは「公開でかまわない」と言いつつ、公式見解に終始するだけのことであるからだ。それを裏づけるように第六回会議の最後に別のパネリストからはこんな発言が聞かれた。

「今の中国の特徴は、国（権力）がどんどん小さくなって、国民がだんだん大きくなっている点だ」

この発言に私は本当に驚いた。なぜならこの問題は私が初めて参加した第三回会議で「共産党のガバナンスの緩みと民意の台頭」という主旨で指摘し、それに対して中国側代表の一人が、そんなことは「外国人に心配してもらわなくても共産党はしっかりしている」とけんもほろろに一蹴された視点だからだ。

つまり要約すると、中国のメディアで働く者たちは、今や「商業化」という変化に晒され、読者や視聴者を無視できなくなったということだ。こう書けば日本人は中国のメディアが健全な方向へと向かっていると錯覚するかもしれないが、実際はその反対だ。いみじくも中国側パネリストが「公開の討論にすれば、商業的な立場に縛られる」と語ったように、中国のメディアが今後進む道は、「読者が好む事実」を報じることなのだ。これは日本の多くのメディアが使う「親中じゃ売れない」という発想と同じだ。

事実、中国で最も商業化に成功したメディアの一つとされる国際情報紙『環球時報』は、中国で一、二を争う対日強硬論を展開するメディアだ。二〇一〇年九月の尖閣諸島沖漁船衝突事件の直後には、「大国となった中国は、もはや日本に遠慮することはない」と実力行使を匂わせるような記事さえ掲載した。

中国の民主化の負の配当を日本が受け取る予兆といえないだろうか。民主化の進む中国は、共産党が国内のさまざまな意見を集約して一つの窓口として機能する時代から、個々人が直接日本と向き合う時代を迎える。人気が得られれば職業的な反日勢力も生まれるだろう。貧困が進めばネオナチを生んだ東ドイツのように排外的な運動も台頭しかねない。日本にとっては厳しい時代の幕開けとなるだろう。

3　すれ違う日中の国民感情

乾　正人

丁々発止の真剣勝負

中国の専門家でもなく、ましてや特派員経験ゼロにもかかわらず、日中ジャーナリスト交流会議に二〇〇八年一二月に東京で開かれた第三回から参加している。それがはるか昔のような（本稿を書いているのは二〇一二年五月某日）錯覚にとらわれるほど、時の流れは速い。

福田康夫首相が民主党との大連立失敗に嫌気がさして政権を投げ出し、麻生太郎内閣が発足してしばらく経った二〇〇八年の秋ごろだっただろうか。とある勉強会に講師としてお招きしたことのある会議事務局のSさんからある日突然、産経新聞の政治部長席に「会議に参加していただけませんか」と電話がかかってきた。女性に頼まれるとほいほい何でも引き受けるのが悪い癖で、事情もろくに聞かず二つ返事でオーケーしたのが運の尽きだった。面白さのあまり、ずるずると今日に至っているが、日中ジャーナリスト交流会議とはいかなるものか、どういう背景で生まれたものか何の予備知識なく飛び込んだのだから我ながらあきれてしまう（ノーギャラなのでお気楽に何の準備もしていかなかった、というのが本当のところだが）。

それにしても、初日から驚きの連続だった。朝、開始八分前に今はなきバブルの殿堂・赤坂プリンスホテル隣にあるNHK千代田放送会館二階のホールに駆け込むと、すでに中国側参加者は全員そろって待ち構え、ピンと張り詰めた空気が流れていたのだ。

「これはしまった。場違いなところへ来てしまったな」と後悔する間もなく、日本側座長の田原総一朗さんが颯爽《さっそう》と入場し、挨拶もそこそこに始まった会議は、まさに丁々発止。日中双方の出席者がこれまでの取材経験と豊富な知識、それに硬軟取り混ぜた表現の限りを尽くして論じあう「朝まで生テレビ」もかくや、という真剣勝負の場だった（あとでSさんに聞けば、第一回に比べれば大変なごやかな空気だったというから恐れ入る）。

何より驚いたのは、参加者、ことに中国側がみな勉強熱心で、準備万端だったことである。第一セッションはその年の夏に開かれた北京五輪をめぐるメディアの問題点に関する討論だったが、具体的かつ格調の高い発言の連続で、内心焦った。幸い昼食後の昼休みが一時間以上あったので、「急用ができたので、ちょっと出ます」と事務局のT氏に断ってタクシーを飛ばし、大手町の産経本社に。北京特派員を終えて帰ってきたばかりの外信部デスクをつかまえてきっかり三〇分、にわか勉強したのも今ではいい思い出である。

さて、これで準備万端（?）。途中参加の新参者なのでまあ、相手も手加減してそんなに矢はこちらへ飛んでこないだろうとタカをくくっていたのだが、なんのことはない。午後の第二セッションは「食の安全、四川大地震などをめぐって」というテーマだったのだが、なぜか食や大地震の話はどこかに行ってしまい、後半は「産経新聞の中国報道」問題一色の展開になってしまったのである。

「産経の中国報道」をめぐる応酬

ある出席者がパソコンを駆使してネットのMSN産経ニュースから、チベット問題や頻発する農民暴動など具体的な記事と見出しを数多く引き、「産経は中国のマイナス面ばかり探し出して報道している。意図的に日本人の反中感情を煽り、間違った誘導をしている」と指摘したのがきっかけだった。

もちろん、三〇分のにわか勉強で仕入れた情報をさっそく使い、「産経新聞は事実に基づいて報道しており、決してマイナス面だけを探し出しているわけではない。事実でないというのならば、具体的に指摘してほしい」と反論したが、冷や汗ものだった。日本の新聞社は、役所と同じくらい、場合によっては役所以上に縦割り組織であり、記者生活のほとんどを永田町取材に費やしてきた身にとっては、一面級のニュースならいざしらず、当時は日々の国際面でどのような中国報道をしているか細かく把握していなかった。というか、国際面にあまり目を通していなかったのだ。

しかし、そんなことを正直に白状すると戦わずして負け。「産経新聞の視点からすると、日本のメディアは親中国すぎる。厳しいことを言うのが本当の友人だ」などと反論、態勢を立て直そうとしたが、中国側から辛辣な批判が次々と出るわ、出るわ。議事録を読み返してみると、こんな具合である。

「産経新聞はバランスのとれた報道をしていない。正しい批判であればいいが、間違ったイメージを日本国民に与えているのではないか」

「産経の記事は九七％がマイナス情報であり、これで対中感情がよくなると思うか」

「表現の自由ではなく、メディアのモラルのことを言っているのだ。産経は編集方針でマイナス情報ばかり流すことを決めているのではないか」

数えてみたら午後のセッションだけで、中国側は延べ八人が産経新聞の「偏向報道」ぶりについて口を極めて非難した計算になる。なかには「常識的な問題として、お客さんとしてきている特派員が、その相手に悪口を言ったらどうなるか。メディアには言論の自由があり、多様性も認めるが、他人に対する尊敬も大事だ。悪口ばかりを言われれば、中国人は耐えられない」という意見さえあった。

集中砲火とはこのことで、押しまくられながらも「中国のマイナス情報だけを載せるような編集方針をわが社が決めたことは一度もないし、そんなことを命じた編集幹部は昔も今もいない」と防戦に努めたが、彼らはほぼ半世紀前の産経の中国報道とその後の経緯を知らなかった、あるいは知らないふりをしたのかもしれない。

中国の文化大革命が始まった一九六六年。当時の柴田穂《みのる》・駐北京特派員は当局の監視の目をかいくぐって、深夜から夜明けにかけて北京市内のあちこちに張られた壁新聞を丹念に読み、文革の実相を打電した。文革の本質は、どこかの新聞がもちあげたようなきれいごとの社会改革運動ではなく、毛沢東による奪権闘争にあると書いたのだ。もちろん、一連の報道は中国当局の怒りを買い、柴田特派員は追放された。爾来、産経新聞は長きにわたって中国大陸に支局を置くことを許されなかった。そうした歴史を知る日本側の先輩から「産経新聞がやってきた中国報道には歴史的に評価されるものがある。ある日一日の報道を取り上げるのではなく、長い目で歴史的にどんな役割を果たしたかを見るべきだ」と強力に援護射撃してもらったのは、正直ありがたかった。また、「日本の読者は、メディアリテラシーがあり、それぞれの新聞がどういう特徴や意図があって報じているかわかったうえで情報を入手している」と指摘し、日本の読者のメディアリテラシーの高さを強調してくれた記者もいた。そんなこんなで、あっという間に午後のセッションは終了したが、初日に強烈な洗礼を受けたのが結果的によかった。

日中の相互理解の難しさを肌で感じるとともに、大いなる手応えも感じたからだ。彼らが、本音をぶつけてくれたおかげで、こちらも本音で答えることができた（少々オーバーな表現になったこともあったが）。同時に、産経新聞の報道が、われわれが漠然と予測している以上に中国にインパクトを与えていること、さらには中国の対日専門家が、ネットのMSN産経ニュースの何げない見出し一つひとつにも注意を払っている事実に驚き、身の引き締まる思いがした。

中国人記者たちの自由闊達な論議ぶり（産経に対する明らかな「事実誤認」も含めて）もいい意味で想定外だった。日中間で開かれるこの手のシンポジウムでは付き物である「歴史を鑑として」「日中共同声明の原点に立ち返って」といった常套句をほとんどの中国側参加者が使わなかったのである。

歴史認識問題や小泉首相の靖国参拝をめぐって日中間で激しい論議が戦わされたという第一回と第二回の議事内容が、発言した本人が承諾した部分以外は一切外部に出ず、オフレコが守られていることへの信頼感が醸成された成果だと思う。

もちろん自由闊達な論議といっても、チベットや新疆ウイグル自治区などセンシティブな民族、領土問題に関して、中国側は事前に打ち合わせて役割分担しているようで、代表団メンバーの幹部クラスによる「統一見解」から大きく逸れる発言を聞くことはできなかった（統一見解とは違う発言をしそうな人物は、そういう場面では決まって知らん振りをしていたが）。これは、その後の会議でも、多少モノの言い方がフランクになりはしたが、基本的には変わらなかった。

献杯、献杯の居酒屋談義

そういった「昼の部」の制約を取り払ってくれたのが、夜の公式晩餐会を終えた後の「第二部」の居酒屋談義だった。

私が初めて参加した第三回は、日本側を含めて会議メンバーのほとんどと初対面で、しかも暮れの忙しい時期だったこともあり、晩餐会が終わった後に「さあ、これから赤坂の飲み屋に一杯やりに行きましょう」と中国側メンバーを誘うことができなかった。非常に心残りだったのだが、続く第四回が北京ではなく、成都で開かれたこともあって中国側有志が、四川名物の激辛火鍋を食べさせる店に連れて行ってくれた。

これが辛いのなんの。日本の中華料理屋で出す火鍋は「子ども用」もいいところ。辛いうえに具に豚の脳味噌は入っているわ、得体の知れぬ臓物はごろごろあるわで、しかも度数の強い白酒《バイジウ》で乾杯に次ぐ乾杯。学生時代に戻ったかのような青臭い論議を戦わせたが、酒がまわりすぎて詳細はすっかり忘れてしまった。ただ、ある猛者が「日本人には中国の民主化が停滞しているように見えるだろうが、物には順序がある。あと一〇年で中国は日本よりも先進的な民主主義国家になる」と高らかに宣言したのに、私が「天地がひっくりかえってもそんなことはあり得ない」と毒づいたことだけは覚えているが。

「成都の夜」がよき先例となって、第五回では赤坂の居酒屋に有志を招待し、今度は日本酒で献杯合戦。これにはさすがに閉口したが、ホストとして受けて立たざるを得ない。どうにかこうにか引き分けに持ち込み、第六回の北京でも「伝統」は引き継がれた。

こうした「第二部」で中国人記者たちと飲み明かすうちに、昼の「第一部」とあわせて彼らの本音の一端と日中の報道機関の置かれた状況の違いがよくわかった。ある日本語に堪能な中国人記者からは「なぜ、日本の新聞やテレビは、つまらないことで首相の足を引っ張ってばかりいるのか。そんなことでは国益を守れるはずがない。記者に愛国心が決定的に欠けているのではないか」と難詰された。こちらは「中国の権力者を批判できないあなた方は気の毒だ。首相批判ができる言論の自由のある日本のほうがまし」と朝日新聞ばりに反論を試みたが、確かに日本のメディア人の「愛国心」濃度は極めて薄い。中国メディアに「右翼新聞」と認定されている産経新聞の記者でさえ、平均値をとれば（そんな基準があればの話だが）、中国の比較的リベラルなメディア人が持つ愛国心の何分の一しか持ち合わせていないと実感した。彼らには、メディアの第一の役割は、権力の監視ではなく、「国益増進のため国民を『領導』していくもの」だという意識が強いのだ。

別の幹部クラスの記者は、インターネットの普及に伴うネットメディアの台頭を「政府を批判するためだけに存在する」と非難し、既存メディアへの国民の信頼感が薄くなっている現実にいらだちを隠そうとしなかった。

一方、「中国の現状はダメだ。われわれの抱える問題はあなた方が知っているより多い。本当の改革を進めなければ、この国は滅びてしまう」と強い危機感を漏らす記者もいた。その危機感をもっと記事に書き、放送で流せばいいのではないか、と無理を承知で挑発すると「あなた方も皇室の話やトヨタやヤクザのことを自由に書けないでしょ?」と逆襲され、酔いはますます深まっていった。

楽観できない日中の将来

さて、日中関係の将来はバラ色か灰色か。私は黒に近い灰色と見ている。

一九七八年に日中平和友好条約が締結され、一九八〇年に華国鋒《かこくほう》首相が訪日したころ、日本国内はまだまだ日中友好ムードでいっぱいだった。私事で恐縮だが、英語嫌いで(というより、英語と数学がさっぱりできなかった)状況に流されやすい高校生だった私は、近い将来には日中間の貿易量が日米、日欧を上回り、核兵器と世界有数の兵力を持つ中国と海軍力を回復した日本が同盟し、日米安保条約に代わって日中安保条約が結ばれる時代がやってくるのではないか、と夢想した。そこでさっそく、中国語をNHKのラジオ講座で学び始め、大学入試でも二次試験は中国語を選択した(なにしろ、そのころはそんな選択をする日本人高校生はほとんどいなかったので問題は簡単だった)。

そんな私のなかの「中国熱」が一気に冷めてしまったのは、大学時代に単身、中国を旅行してからだ。別に嫌な目にあったとか、ホテルが貧乏くさかったとか、うまいものが少なかったとか、南京や盧溝橋の博物館を見たからではない。そのころは、外国人はごく一部の都市しか訪れることができなかったが、見るもの、聞くものすべて新鮮で、香港から大陸に遊びに来ていた学生とも仲良くなった。

にもかかわらず、二週間ほどの旅行を終えて帰国後、すっかり熱が冷めてしまったのは、独学同然に学んだ中国語がほとんど通じなかっただけでなく、自分が勝手に思い浮かべていた「日本と手を携えて発展しようとしている想像のなかの中国」と、「文革のどん底から泥まみれではいあがろうとする現実の中国」との落差が激しすぎたからかもしれない。一九八〇年代半ばの当時は、改革・開放時代の幕が開いたとはいえ、文革時代の名残も濃かった。今では東京やニューヨーク以上に派手なネオンに彩られている上海でさえ、夜は安物の白熱灯だけがぽつんぽつんと灯り、薄暗い目抜き通りをモノトーンの人民服を着た数えきれぬ人々が、買い物をするでも楽しそうにおしゃべりをするでもなく、黙々と歩き、自転車が雲霞《うんか》のように道路を埋め尽くすさまに圧倒された。というより、怖じ気づいた。

もし、彼ら彼女ら物言わぬ人々の欲望が改革・開放で解き放たれ、西側の科学技術教育を受け入れたならば、人口比からいっても日本はひとたまりもない、と直感したからだ。その直感は、三〇年近く経った今日、おおむね当たったと自負しているが、日本側にはつい最近まで、膨張する中国と中国人に対する心構えができていなかった。

日中両国の国民感情がすれ違うのは、ある意味歴史の必然でもある。

広島、長崎の原爆投下など史上最大の惨禍をもたらした先の戦争を早く忘れたい日本人と、首都を陥落させられた恨みを忘れない中国人(中国共産党の政権奪取は日中戦争を抜きには考えられない)とでは、歴史認識が一致するわけがない。

ことに経済成長が急速に鈍化し、東日本大震災の衝撃から抜けきれない日本人にとっては、長年にわたって保持してきた国内総生産（GDP）世界第二位の「勲章」をいとも簡単に中国にとられた事実を平静に受け止める余裕がない。さらには、世界の資源を買いあさり、南シナ海や東シナ海（ことに尖閣諸島周辺での示威活動）で見せる傲慢といってても過言ではない最近の中国の振る舞いが日本人の屈折した感情を刺激している。

一方、鄧小平によって欲望が解放され、都市部を中心にテクノクラートや既得権益を握る親族を持つ「勝ち組」が急速に豊かになった中国は、内部に民族問題や格差問題を抱えるがゆえに、一層、カネにものをいわせた振る舞いがますます顕著になり、経済力を維持するためと称して軍事力をさらに増大させている。

それは何も他人事ではない。前者はバブルの時代に、「ジャパン・アズ・ナンバーワン」とおだてられてニューヨークの摩天楼を買い漁ったころを、後者は日清、日露の両戦争に死に物狂いで勝ち、続く第一次世界大戦では英国の同盟国という立場を生かして戦勝国となって世界の「一等国」になったと調子に乗り、軍事大国に傾斜していった戦前の我が国を振り返れば、容易に想像がつく。

このまま政治が手をこまねき、日中が戦前の逆バージョンで激突してしまう可能性さえある。東シナ海を舞台に、帝国主義時代さながらの国家と国家のエゴがぶつかりあう最悪の事態も想定しなければならず、その場合、防衛費を削りに削ってきた日本が軍事力で圧倒的に不利なのは言うまでもない。むろん、日本政治が機能不全に陥り、中国側も軍部の顔色をうかがった統治を続けているからといって言論界も両国関係をこのまま放っておいていいはずがない。その点、ジャーナリスト会議立ち上げに尽力した故・成田豊氏は慧眼《けいがん》だったといえよう。

「言うべきことを言う」関係

黒に近い灰色になろうとしている日中関係を打開するヒントは、成都で行われた第四回の付録（？）として企画されたわれわれと中国の若者との座談会にあると思えてならない。このとき、四川省の人民政府新聞弁公室が選んだ二〇代、三〇代の大学生やサラリーマンや教員、地元ジャーナリストと二時間にわたって討論したのだが、これが意外と有意義だった（なかには隠し芸を披露する若者もいたが）。

もちろん、出だしは「四川大地震での日本の支援に感謝する」「子々孫々まで日中友好を！」「中国の未来は明るい」といった会場の後ろで目を光らせている当局のお偉いさんを意識した建前論のオンパレードだった。この空気を中国側メンバーが「ここは四川、もっと辛いコメントをしてくれる人はいないか。あなた方は成都のスポークスマンじゃない！」と喝を入れてくれて流れが変わった。

さっそく女性の大学院生が「日本のメディアは中国のマイナス面ばかりを報道する。日本は将来、中国に再侵略するのではと疑ってしまう。私以外の多くの人もそう思っている」と口火を切れば、女性ラジオキャスターが「友人の父親が日本を旅行したが、大変親切にされて感激していた。一方で私の祖父は軍人で日本軍と戦い、幼いころから軍刀を見せながら当時の様子を話してくれた。そこで聞きたいのは、なぜそんな素晴らしい国があのような残酷な戦争をしたのか、ということだ」と発言した。別の女性も「なぜ、日本の首相は靖国神社に参拝するのか。日中戦争への日本側からの誠意ある謝罪が必要だ」と強調した。

一連の発言ではっきりしたのは、①当局や官製メディアによって、日本の新聞やテレビは、産経新聞を筆頭に中国の悪口ばかり報じている、と刷り込まれている、②中国では、戦争の体験者が積極的に子孫に往事を語り継いでおり、日中戦争は風化していない、③日本に再び軍国主義が台頭し、中国を再侵略しかねないとの中国共産党の宣伝教育が行き届いている、④公的な場で、党や政府の方針に反するような意見を正直に語る文化はまだ根づいていない、ということだった。

こうした彼女らの疑問に「政治家が靖国神社に参拝したからといって軍国主義が復活することはありえない」（筆者）などと、日本側メンバーも丹念に答えていったが、すべてわかってもらえたとは思っていない。ただ、日本側長老が「靖国神社は戦没した兵士三〇〇万人を祀った神社であり、小泉首相はその三〇〇万人を国として放っておいていいのか、という問題意識で参拝した」と説明したのに対し、前出のラジオキャスターが「戦争で日本人が三〇〇万人亡くなったことは知らなかった。靖国参拝は戦没者を弔う行為である、というのも理解できた」と回答してくれたのは、大きな収穫であった。

メディアに携わる人間でさえ、先の戦争で日本人がどれほど死んでいったか、靖国神社が本来、どのような宗教施設かといった基本的事項を知らないのである。逆もまた真で、戦時中、中国でどのようなことを日本人がしたのかを日本の若者は知らない（知らないからこそ南京で日本軍が三〇万人も市民を虐殺した、というプロパガンダを信じてしまう）。

それはなぜなのか。一九七二年の日中国交回復は、両国当事者の努力もさることながら、冷戦下でかつ米中ソ三つどもえの覇権争いをくり広げていた当時の国際情勢の所産であることは疑い得ない。しかもパンダ来日で日中友好ムードは頂点に達し、日本人の多くは、日本政府が米軍による広島、長崎への原爆投下や東京大空襲を水に流して「不問」に附したように、中国も「かつての日本の所業を許してくれた」と勘違いしてしまったのだ。事実はそうではなかったのは、知日派だった胡耀邦総書記の失脚（一九八七年）後の日中関係史が、歴史認識論争史とほぼ同義語となったことが証明している。

もうそういう時代は終わりにしたい。成都の座談会で、何人もの若者が教条的に靖国問題を取り上げたとき、中国側メンバーが「日中間のあらゆる対話の場で靖国問題を大きく取り上げすぎないことが大事だ。若者もより冷静な立場で歴史問題を見てほしい」と呼びかけたのは感動的だった。彼こそは、これまでの会議で先の戦争に対する日本の反省の希薄さや産経新聞の報道ぶりを最も厳しく論難した人物だったからだ。

相手の顔が見える関係になれば、最悪の事態を回避でき、酒を汲みかわせば、すべてがうまくいく、わけではもちろんない。しかし、本音でぶつかりあってこそ相手への思いやりや妥協の余地が出てくる。それを日中友好が第一だから、と双方が言いたいことを言わなければ、日中関係に未来はない。成都で見た夢が幻に終わらないことを切に祈りたい。

第3章　中国モデルと日本の眼

1　膨張中国の自信と不安

西村豪太

「中国モデル」に積極的評価

日中ジャーナリスト交流会議は二〇一一年九月に北京で行われた第六回会議で、その第一ステージを終えた。四年間を総括するにあたって、二〇〇七年一一月の第一回からの会議すべてに参加した中国側ジャーナリストが述べたコメントは、非常に含蓄に富んだものだった。

「中国は三つの変化に直面している。一つ目は、国家が小さくなり、国民が大きくなっていること。二つ目は、純粋な経済改革の時代から、社会や政治を含めた総合的な改革の時代に変わったこと。三つ目は、コンプレックスの塊だった中国人が自信を持って、包容力を持てるようになってきたこと。この三つの変化を、バランスを取っていっそう推し進めていく必要がある。中国の核心的な問題は〝バランス〟だ」

このジャーナリストは、第六回会議の席上でも日本側に「中国にはさまざまな問題があるが、長所も短所もクリア。その点、日本は非常に不透明だ」として、「日本とは誰なのか？　そして、どこに向かっているのか」という問いを投げかけていた。日本側出席者からの返答は「日本では新聞も政治家も意見がひとつではなく、中国とは違う」「総理大臣がいくら代わっても、日本の方針は変わらない。指導者が胡錦濤から習《しゅう》近平《きんぺい》に交代することで、中国に起きるような変化は日本にはない」といったものだった。その内容に納得したかどうかはわからないが、彼がまとめた「中国の問題点」は非常に明確だったといえるだろう。中国が進むべき方向性を示すと同時に、それに付随する危うさをも、見事に指摘したコメントだったと思う。

「国家が小さくなる」ことは、これまで強い統制を受けていた社会の不安定化を招く可能性をはらむ。経済成長の陰で生じた格差への反発は、社会や政治を改革する局面で守旧派に利用される懸念がある。中国の現状への「自信」の高まりは、改革の停滞や偏狭なナショナリズム高揚の素地となりうる。こうした危うさを認識しつつ、中国の改革を前進させていくために最も必要なのは高度なバランス感覚に違いない。

「日本のように選挙によって政権が代わるほうがいいのか、中国のように代わらないほうがいいのか。従来であれば中国のやり方はよくないというのが主流だった……民主主義の日本の経済が不振にあえいでいて、選挙のない中国が高度成長を続けているのはなぜか。今まで日本は米国モデルでやってきたが、中国モデルというのも考えるべきだという意見もあった」。二〇〇九年一一月に東京で行われた第五回会議の報告会で、日本側座長の田原総一朗氏はそう述べた。

ここにきてスピードを緩めているとはいえ、世界経済全体から見れば中国の高成長ぶりは際立っている。リーマンショック、欧州金融危機により欧米先進国の影響力が低下した現在、G20時代の到来がしきりに喧伝されるようになった。世界経済の運営に大きな発言力を持つようになった新興国のなかには、政府自体が企業活動に積極的に関与する国家資本主義の性格が色濃い国が少なくない。中国はその代表格だ。

これまで、発展途上国の経済改革は世界銀行や国際通貨基金（ＩＭＦ）の主導のもと、「ワシントン・コンセンサス」といわれる政策パッケージに則って行われるのが通例だった。財政赤字の削減や国営企業の民営化など、「小さな政府」のもとで市場原理を徹底させることがその眼目だ。

2012年4月に開催された北京モーターショー。前年の東京モーターショーを大きく上回り、世界最大規模のイベントとなった（撮影：西村豪太）

中国の経済体制に市場システムは定着しているが、国有企業は今も中心的なプレーヤーだ。政府（すなわち共産党）が各種の行政指導や価格維持政策といった経済活動への介入を行うことについては、結果のよしあしへの不満があっても、全体的に肯定的に捉えられている。金利や為替レートを政府がコントロールすることも、おおむね是認されている。これが「北京コンセンサス」だ。最近では「ワシントン・コンセンサス」に基づく経済改革が必ずしも成功していないことに比して、中国の高度成長は「北京コンセンサス」の優越性を示しているかに見える。

「北京コンセンサス」は経済政策上の概念だが、中国の現在の社会・政治のあり方までを肯定的に捉え、ある種の普遍性を持つと捉える「中国モデル（中国模式）」という用語も、より広い意味で使われるようになってきた。欧米の市場経済が直接選挙によるデモクラシーと表裏一体であるのに対し、共産党専制のもとで市場経済を導入しているのがその大きな特徴だ。

「中国モデル」が評価されるのは、なんといってもその経済上のパフォーマンスのよさゆえだ。中国は改革開放政策が始まった一九七八年以来、三〇年以上にわたって平均で一〇%以上の成長を維持してきた。中国の国内総生産（GDP）は二〇一〇年に日本を抜いて世界第二位となったが、遠からず米国を上回るとの見方も広がっている。

近づく「米中逆転」

「米中逆転」は、新中国建国の直後からの悲願だった。

「あと五〇～六〇年あれば、中国は米国を追い越せるはずだ。……米国を超えることは可能なだけでなく、必要であり当然なことだ。さもなければ、わが中華民族は全世界各民族にたいして申し訳がたたず、人類へのわが貢献は大きいとはいえない」（「党の団結を増強し、党の伝統を継承しよう」、『毛沢東選集』所収）。

一九五六年夏、建国後に初めて開かれた中国共産党大会（第八回党大会）の予備会議で、毛沢東はこう壮語した。このとき毛が経済的に米国を「追い越す」ための指標としたのは、生産力の象徴としての粗鋼生産量だ。「あと五〇年」が待てなかった毛は、まもなく「大躍進」を発動。原始的な溶鉱炉「土法炉」を用いて大衆を鉄鋼増産に動員した大製鉄・大製鋼運動は無残な失敗に終わった。

だが、半世紀後の今、中国は毛が描いた夢を射程圏に入れつつある。毛沢東が目指した粗鋼生産量での「米中逆転」は、改革・開放後の外国からの技術と資本の導入によって早々に実現した。経済力のメルクマールとしての位置づけは往時より大きく低下したものの、中国の二〇一一年実績は七億トンに迫り、米国の八倍以上にまでなっている。

GDPでの米中逆転はいつか。野村資本市場研究所の関志雄シニアフェローは、二〇〇九年に出版した『チャイナ・アズ・ナンバーワン』（東洋経済新報社）のなかで、そのタイミングを二〇二六年と試算した。

関氏は今年に入って、「人民元高の効果も反映すれば、ドルベースの米中GDP逆転は二〇一七年」と予想を大幅に前倒しした。

中国政府周辺からも、「米中逆転」論は聞こえてくる。筆者が二〇一一年一一月に取材した際、中国政府の通商政策ブレーンとして知られる李向陽・中国社会科学院アジア太平洋研究所所長は、「今後一〇～一五年で中国経済の規模が米国を上回るのは確実だ」と断言した。

米中の経済関係も、かつてとは様変わりした。低賃金と割安な人民元レートを武器に、中国は二〇〇〇年代に入って貿易黒字を急増させた。その過程で積み上げた米ドルの過半は米国債の購入に充てられ、今や中国は一兆一五一九億ドル（二〇一一年末）にのぼる世界トップの保有高を誇る。過剰消費の米国経済を過剰貯蓄の中国がファイナンスするという、相互依存の深まりが現在の米中関係の根底にある。

ゴールドマン・サックスなどは二〇五〇年にかけてインド経済の急成長を見込むが、それでも中国が世界一の座を維持する想定だ。中国やインドなどの人口大国がかつての存在感を取り戻すことで、世界の勢力図は一九世紀初めに近いものになるのかもしれない。

『かくて中国はアメリカを追い抜く』（邦訳はPHP研究所刊）の著者で、活発な政策提言活動で知られる胡鞍鋼《こあんこう》・清華大学教授は、近著『2030　中国』（中国人民大学出版社）のなかで、今後の世界経済の進路を北方国家（欧米、日本）と南方国家（中国を含む発展途上国）の不均衡が是正されるプロセスとして描いた。中国は古来の「大同思想」（天下の富を均しく分け合うことを理想とする、中国古代からの理想主義）を掲げ、その先頭に立つとされている。この本のなかでは経済や政治の改革プランはとくに語られておらず、いわば「中国モデル」の優越性をうたいあげる内容となっている。

同じ二〇三〇年をゴールにしつつ、より厳しい現実認識のもとで改革ビジョンを打ち出したのが、世界銀行と国務院発展研究センターの共同研究「二〇三〇年の中国（2030年的中国：建設現代、和諧、有創造力的高収入社会)」である。「中国の指導者たちは、過去三〇年間大成功を収めたこの国の成長モデルを、新たな課題に対応できるよう変更する必要があることを認識している」(世銀のロバート・ゼーリック総裁)として、中国が二〇三〇年までに高所得国になるためのさまざまな処方箋が盛り込まれた内容だ。では、中国の指導層は、「中国モデル」の何を変える必要があると認識しているのだろうか。

「中所得のわな」への警戒

一見したところ、現在の中国は自信満々に見える。

北京五輪閉幕直後の二〇〇八年九月、リーマンショックが勃発した。すでに景気減速のさなかにあった中国にとっては、大きな試練だった。だが、総額四兆元(当時のレートで約五六兆円)にのぼる財政出動によってそれをしのいだことで、中国の存在感はひときわ大きなものになった。

英フィナンシャル・タイムズの北京支局長を務めたリチャード・マグレガーが書いた『中国共産党』(草思社)には、王岐山《おうきざん》・副首相が二〇〇九年夏に外国の金融専門家を前に言い放ったという名文句が紹介されている。いわく、「あなた方にはあなたがたの、私たちには私たちのやり方がある。そして、私たちのやり方が正しい!」。金融危機後の中国指導者の言動をマグレガーは、次のように特徴づけている。「王が個人的に漏らしたような意見を、中国の多くの指導者が声高に述べるようになった。いったい何を西洋から学ばなければならないというのだ、と」

日中ジャーナリスト交流会議の第六回会議でも、中国側から「金融危機が起きてから、資本主義に疑問が投げかけられている。世界の経済秩序に欧米の政府は責任を持っていると言えるだろうか。中国政府は四兆元を投じて市場を救出しようと努力した」という声があがった。中国社会では、改革・開放が始まって以来の「お手本」だった欧米、さらには日本の市場経済への評価が大きく低下している。それは、とりもなおさず共産党が強い権限で経済に介入する、自国のシステムへの自信を高めることにもなる。

だが、ここに来て、高度成長後に経済が停滞する「中所得のわな」に中国がはまるのではないかとの懸念が急速に広がっている。「中所得のわな」とは世界銀行が二〇〇七年に提起した概念で、労働力や資本などの量的拡大により急成長してきた経済が、一人当たり所得が三〇〇〇ドルを超えた段階で壁に突き当たるというものだ。中国の一人当たりGDPは二〇一一年に五〇〇〇ドルまできたが、「中所得のわな」に足をとられつつある可能性が指摘され始めた。これを突破するには、技術の進歩や人的資源の高度化など、「質」の向上が課題になる。今や中国も、その壁に突き当たったのではないかと見られている。

労働力については、人口構成の変化により減少が避けられない。中国の生産年齢人口（一五歳以上、六五歳未満）は、二〇一五年には減少に転じると予測されている。全人口に対する生産年齢人口の比率が高い時期に経済成長率が高くなるという、「人口ボーナス」の効果がまもなく失われるわけだ。「未富先老」という言葉が、中国メディアに頻出するようになった。豊かになる前に高齢化社会を迎え、経済発展が阻害されると同時に高齢化対策のための社会的コストが大きく膨らむことが懸念されている。

それを避けるには、財政の余裕があるうちに社会インフラを充実させ、農村から都市への人口移転を一段と進める必要がある。人口減に備えるため、より付加価値の高い分野に人的資源をシフトさせるのだ。

中国政府系シンクタンク、中国社会科学院世界経済政治研究所の張宇燕《ちょううえん》所長は、人口構成の変化によるマイナスは、都市化の効果ではね返せると期待する。改革・開放が始まった時点では中国では農村人口の比率が八割だったが、それが現在では五割にまで下がった。「農村から都市へはあと三億人が移住すると見られており、それに伴って生産性の向上なども期待できる。今後一〇年間も、七～八％の成長は可能だ」というのが張所長の見立てだ。

前出の胡教授は、二〇一〇年時点で六・七億人だった都市人口（全人口の四九・七％）が、二〇三〇年には一〇・二億人（同七〇％）に拡大すると推計している。中国政府は、都市人口の比率が一ポイント増えると、個人消費需要が一・二ポイント押し上げられると見ており、都市化には中国経済の弱点である内需の弱さを克服するうえで大きな役割が期待される。胡教授は、「人口ボーナス」が失われた後も、平均教育期間（二〇一〇年時点で九年）の伸びによる「教育ボーナス」が経済成長を後押しすると分析している。

改革・開放が始まってからの三〇年あまりで、年間平均一五〇〇万人が農村から都市に移住した。おそらく人類史上最大規模の人口移動だ。今後なお二〇年にわたって続く都市化の過程で、沿岸部に続いて内陸部にもメガロポリスを続々と誕生させ、高速道路や鉄道、発電所などのインフラも充実させて国土の均衡ある発展を目指す——「日本列島改造論」を一〇倍にしたような壮大な取り組みが続く。全国で進められる建設プロジェクトは、事実上のデベロッパーである地方政府の財政を大きく潤してきた。リーマンショック後に行われた四兆元の景気刺激策は、この動きを強く後押しする結果となった。短期間で巨額の財政出動を決めたことは、議会の掣肘《せいちゅう》を受けない「中国モデル」の面目躍如といったところ。だが、国土開発一辺倒の政策には、大きな欠陥がある。

「四兆元」で矛盾深刻化

「二〇〇〇年代に入って以降、経済は非常によくなったが、一方で改革は停滞してしまった。経済成長で既得権益を得た層が、自らの力によって成長したのだと誤解し、これ以上の改革を進めたがらなくなっているところに原因がある。これは非常に危険なことだ」

二〇〇八年五月に東京で取材した、国務院発展研究センターの呉敬璉《ごけいれん》研究員は、国有企業と地方政府の持つ既得権が、中国の経済改革を阻害していると指摘した。一貫して市場原理に基づく改革を主張し続け、「中国経済学界の良心」とたたえられる呉氏は、「政府は市場から退出すべきだ。中国では今、国や地方の政府が経済発展の主人公になってしまっている」と訴えた。呉氏が問題視しているのは、政府が都市やインフラの建設を最優先し、そのためにさまざまな分野で価格統制を続けていること。その結果、中国は資源浪費型の成長からの転換ができずにいるというのだ。

このころ、金融引き締めの効き過ぎなどで中国の景気は減速を始めており、胡政権の構造改革路線は転換を迫られていた。その後の経済政策は、呉氏が指摘する矛盾をむしろ深める方向に進んだ。決定的だったのは、この年の秋に発生したリーマンショック後に実施された「四兆元」政策だ。政府とのコネクションが強い国有企業は地方政府や国有銀行から存分に資金を引き出し、事業を思うさま拡大した。一方でその恩恵にあずかれない民営企業は市場から締め出される、「国進民退」といわれる結果を招いた。それ以来、中国ではさまざまな業界で、国有企業一人勝ちの状況が続いている。

全面的な政治改革を求める「〇八憲章」にも署名した硬骨のエコノミストである茅于軾《ぼうう しょく》氏に二〇〇九年初め、国有企業改革の可能性について尋ねたことがある。答えは、「鄧小平であれば号令一下、状況を変えることができた。だが、一〇年すれば辞めていく今の指導者には鄧のような権威がなく、国有企業のような強力な相手を動かすことはできない。仮にその気があっても力不足だ。就業問題や、社会不安など切羽詰まった問題に対応するのが精いっぱいだ」というものだった。

一九六九年生まれの筆者が同世代の中国人と話すと、異口同音に聞かれるのが、「チャイニーズ・ドリーム」の消滅だ。一九九〇年代から二〇〇〇年代半ばまでは、起業により大きな成功を収める可能性を多くの人が感じていた。だが、「国進民退」の色が濃くなるにつれ、「官」とのコネに恵まれない人が成功する確率はどんどん小さくなったというのだ。民営企業による新規参入が細れば、イノベーションの根を絶やすことになりかねない。最近になって政府も中小企業育成に本腰を入れ始めたが、「国進民退」の傾向は容易には変わらない。この状況には、現政権の指導部も強い危機感を持っているようだ。

世界銀行と国務院発展研究センターによる「二〇三〇年の中国」が発表されたのは、二〇一二年三月の全国人民代表大会（全人代）の開幕直前だった。その内容は、まさに「中所得のわな」に対する処方箋だ。そのなかでは、中国が長期的な発展を実現するうえで、以下の六つの戦略的課題を解決しなければならないとされている。①市場経済への移行完了、②開かれたイノベーションの加速、③環境に配慮した投資を開発の推進力とする「グリーン成長」への転換、④保健、教育サービス、雇用などをすべての人々が享受できる環境づくり、⑤国内財政制度の近代化と強化、⑥中国の構造改革と変化を続ける国際経済とを結びつけることによる相互利益の追求――。

同志社大学の厳善平教授は、全人代直前にこの報告書が公表された背景について、「中国政府は自らが直面する難題を解決するため、世銀の権威を能動的に利用した」と分析する。実際、温家宝首相による全人代での「政府活動報告」にも、「二〇三〇年の中国」と通底する問題意識が感じられる。世銀はIMFとならぶワシントン・コンセンサスの担い手で、中国も改革・開放の過程で多くのアドバイスを受けてきた。今また、中国の指導部が世銀の権威を借りたいと考えたとすれば、「北京コンセンサス」の先行きに指導部がかなり強い危機感を持っているということになる。

二〇一〇年に入ってから、中国では各地で最低賃金の引き上げが再開された。累進課税など税制による所得再分配が難しい現状で、相対的にとりやすい企業に再分配の原資を求めた政策と理解されている。だが、賃金上昇を通じた所得再分配政策に対しては、「外資は中国からの撤退を加速させるだろうし、技術もブランドもない国内企業は輸出競争力をそがれる。今の段階で企業の労働コストを上昇させるのは、時期尚早だ」（中国政府機関のエコノミスト）という反対論も根強い。労働人口の減少が目前に迫る中国では、労働者側が主導して賃金上昇が想定以上の急ピッチになる可能性もある。中国にとっては両刃の剣となる政策だが、それをせざるを得ないのが現実だ。胡政権のもとでは、人民元の変動レート化や、資本取引の自由化など抜本的な改革は実現できなかった。中国の経済官僚たちは、習指導部への交代を機に改革が加速することに懸けているようだ。

国内の既得権を打破するためには「外圧」を使うのも手である。一発逆転の大技として一部でささやかれているのが、中国の環太平洋経済連携協定（ＴＰＰ）参加だ。二〇〇一年の世界貿易機関（ＷＴＯ）加盟も中国にとっては大きな賭けだったが、国内の反対派を押し切って市場原理を導入したことで、経済は大きく成長した。それと同様にＴＰＰを改革のテコに使うという発想だ。

仮に中国がＴＰＰに加入した場合、関税障壁が下がることで外国企業との競争が激しくなるだけではない。対内投資の事前許可制や、中国企業への技術移転要求などもできなくなる可能性が高い。中国企業が、多国籍企業と正面からぶつかりあう必要が出てくる。その過程で、国有企業の寡占などにも風穴を開けることが期待できる。ＴＰＰの枠組みは、今後の米国や日本の交渉の行方しだいで大きく変わる。その内容いかんで、中国は思い切った決断をするかもしれない。

メディアに期待される役割

「共産党は独裁・専制政権としてやってきたが、日本の体制よりもガバナンス能力は高い。だからといって、私は今のモデルを支持しているわけではない……。最大の危機は、共産党の執政の正統性・合法性はどこにあるのかという問題だ」（第五回会議での中国側ジャーナリストの発言）。江沢民前総書記の「三つの代表」論によって企業経営者の入党も認めた中国共産党にとって、自らの正統性を担保する最大のものは経済成長の実績だ。だが、これまでのような資源投入量の拡大に依存した経済の「膨張」はいずれ維持できなくなる。そのために、市場主義の徹底による改革は何としてもやり遂げなければならないテーマである。

しかし、習近平氏が率いる次期政権が前述のような経済改革を進めるとして、その先に政治的にもドラスティックな改革、たとえば国政への直接選挙導入を想定しているとは考えにくい。共産党内にも、失脚した薄熙来《はくきらい》・前重慶市党委書記のように格差批判を政治的に利用する勢力がある。まして不確かな世論に政策決定をゆだねるのは危険だというのが、共産党のみならず中国のエリート層では共有された感覚なのではないか。

「民主主義を推進するのは、方向性として間違っていない。私も期待している。ただ、一三億人を統治するための民主主義とはどんなものなのか」（第五回会議での中国側ジャーナリストの発言）。その答えは、現在ほとんど見えていない。当面は共産党専制のもとでの市場経済という「中国モデル」の大枠を維持しつつ、法治の定着などで内実を改革していくということにならざるを得ないだろう。

しかし、「国家が小さく」なるなかで、一般の国民、いわゆる「老百姓《ラオバイシン》（庶民）」のあげる声が政策に与える影響は確実に大きくなっている。中国の発展を持続可能なものとし、同時に国際関係を安定させるには、世論が極端な方向に走らないために、しかるべき判断材料を提供する成熟したメディアが不可欠だ。「バランス」が何より問われる時代においては、そのようなメディアが育つかどうかが、中国社会の先行きを占ううえで死活的に大事なことだと思われる。

2 「中国モデル」の陰に霞む「日本モデル」

田勢康弘

発展モデルをめぐる論争

三年間に及ぶ日中ジャーナリスト交流会議の期間は、狭い道で行く人と帰る人がすれ違うように、国際社会における準主役が日本から中国へと入れ替わりつつある時期だった。六回の論議の内容を振り返ってみると、テーマも議論の内容も大きく変化していることがわかる。それは世界第二の経済大国だった日本がその座を中国に譲り渡したことと無縁ではない。初めは靖国神社参拝問題など歴史認識で激しい言葉を浴びせていた中国側は、やがてその種の話を持ち出さなくなった。初めのころは「もうこの会議には参加したくない」とまで言い切った中国側メンバーもいたが、しだいに大国中国の余裕さえ感じさせる発言が多くなっていった。

語り口はさまざまだが、通奏低音のように常に存在し続けていたのは、「日本モデル」と「中国モデル」をめぐる論争であった。三〇年ちょっと前、鄧小平が「改革・開放」を唱えたとき、西側諸国は政治体制が共産党による一党支配のままで資本主義的手法を取り入れてもうまく行くはずがない、と嘲笑したものである。そして今、世界経済の停滞、混迷の現状を見ていると、中国がしっかりしなければ、世界の資本主義は死に絶えてしまうのではないかと思わせるほどだ。

世界の関心は中国に集中している。米国ではかつて日本に抱いていた貿易赤字への強い不満は、今やそのまま中国に向かっている。かつて世界経済の機関車とまでいわれた日本の産業、とりわけ製造業は今や中国に部品を提供する下請け的役割になっている。日本側からはこんな意見まで出た。「中国の驚くべき経済発展は、共産党一党体制のなかで実現された。最も優秀な官僚が国を引っぱっている。財務省の事務次官が選挙を経ないで総理大臣に就任することをイメージすればいい。ベスト&ブライテストといわれた人間がトップにつく。そんななか、現在の中国では最も効率的な経済システムが達成されている」

筆者も経験を述べた。それは一九九〇年代初めのころだったが、上海で講演したときにこう述べた。「われわれは中国の政治と経済の体制がねじれている限り、どちらもうまく行かないと固く信じていた。しかしながら、中国の驚異的な成長を見ていると、ねじれているからこそ急成長できたのではないか、民主主義という統治のシステムは思い切った政策を成し遂げにくくしている」。日本人の口からこのような発言が出たので驚いたと、上海のマスメディアの質問をあびたが、そう思ったのは上海万博の会場予定地を見たときだった。まだ開催は決定していなかったが、決まればここが会場です、と上海市当局者は言う。人の住む家がたくさんあるのだ。民主主義国家では短時間にこれらの住人に出て行ってもらうことはできない。中国の高速道路がほとんどまっすぐなのも用地取得が簡単なせいだろう。

日中二〇〇〇年におよぶ関係を見てみると、両国が本当に良好な関係だったことはあまりないことに気がつく。隣国であり、あらゆる面で深い関係にありながら、常に関係はギクシャクしている。漢字、仏教、儒教をはじめ文化はほとんど中国経由で日本へ渡ってきた。近代では日本から中国へ伝わった「競争」や「教育」などの言葉もある。日中の歴史は互いにプライドを懸けた対立と怨念の歴史でもあった。どちらが上位か、どちらが礼を欠いているかでいがみあってきた。これほど近く、これほど深い関係にありながら、日本と中国が同盟関係を結んだことは一度もない。
この基本的な事実をきちんとふまえないと、今後の関係をどう築いていくのかを論じることができない。

鮮明な論点、鋭い切り込み

日中ジャーナリスト交流会議の議論も、それぞれがそれぞれの現状を肯定しつつ、相手国の問題点をするどく突く、というパターンのものが多かったように思える。とりわけ、最初の議論はそうだった。日本側は中国が国際社会で生きていくためには、民主化としっかりとした法治国家になることが必要だ、と指摘。これに対して中国側は日本の歴史認識の過ちを指摘しながら、中国のような人口も多く国土も広大な国家では、現在の国家運営の体制がベストである、と反論した。この議論の構図が回を重ねるにつれ、変化していった。互いに自国の問題点を自ら述べるようになっていった。それとともに、一方が攻め、一方が防御するという形ではなく、全体で考えるということが多くなっていったのである。中国側からは胡錦濤体制への批判が飛び出すようになり、日本側が「ここまで発言して大丈夫なのだろうか」と心配する声が出るほどであった。

しかし、相手の主張に耳を傾けながらも、論点はかなり鮮明だった。「われわれには異なる歴史、価値観があるわけで、日本のやり方が適合するわけではない。中国数千年の歴史のなかで、民主と法治が崇拝されたことはない。辛亥革命、新中国（建国）以来、まだ長くない。経済的に見てもまだ発展途上、政治体制的にも発展途上」「外国メディアは中国の体制問題を怖がりすぎないほうがいい」「経済の自由化と政治の自由化に関してだが、ソ連は経済の非自由化と政治の自由化をやった。その結果、崩壊した。その意味で鄧小平の選択は正しかった」（第四回、中国側発言）。

中国側の発言で注目したのは日本、中国、米国の関係について言及したものだった。「経済で見れば中日米で世界の一位から三位を占める。一〇年後、中国は日本に差をつけて、アメリカに近くなっていく。三者の距離に注目したい。中国は七％以上のスピードで発展していくだろう。政治面では日本は苦しくなる。日本が国連安保理の常任理事国になるのは難しい。三つ目に未来における中日関係とアメリカとの関係。オバマ大統領は初の『太平洋の大統領』になるということを訴えた。アメリカが東アジアに帰ってくるというシグナルである。それに対し、中日の準備はできているのか」（第五回）

この指摘は鋭い。日本ではこのような見方は極めて少ない。日米関係は永遠だという暗黙の了解のうえで、日米がともに中国にどう立ち向かうかという議論が圧倒的に多い。一方で中国側は欧米各国や日本の中国を見る目に偏見があると何度も強調した。「毒入りギョーザ」事件では激しいやりとりがあった。「中国政府が言ったことはすべて間違っている、信頼に値しないという『体制への偏見』、これらは日本、欧米で普遍的に存在する。長期的に交流しながら改善していくしかない。プロセスにおける情報を公開せずに、結果だけを公表するというのは中国の特色あるやり方である」。これに対し、日本側から「ギョーザ事件の犯人逮捕と日本人の覚せい剤運び屋の死刑執行は関係あるのか」という質問が出て、「なぜ政府のことを答えなければならないのか」と紛糾する場面もあった。

日本側がいささか虚をつかれた感じだったのは、トヨタ車の米国でのリコール問題について中国側が「日本ではトヨタを批判することができないのではないか」と切り込んできたときだ。（第五回）。「日本のみなさんはしばしば中国メディアは共産党の悪口は言えないと批判するが、日本メディアに広告主の悪口は言えないという同じような問題があるのではないか」との指摘に、日本側は「広告主との関係は難しいが編集と広告担当は互いに口出ししないようになっている」とややあいまいな返事だった。「日本には反省すべきことがある」と中国側がたたみかけてきたのは、その直後であった。「日本が反省すべきなのは、ソニー、東芝など、これまで強かった企業が相次いで落ちていることである。トヨタも同じような道を歩んでいるような気がしてならない。中国市場における日本の家電製品がここ数年で衰退している。これらを日本メディアはどう認識し、対応措置をとろうとしているのか」

「偏見の壁」を越えて

日本への批判としてぎょっとする発言も中国側からあった。「一般の中国人はあまり日本人が好きではない。理由の一つは歴史問題、もう一つはスケベであるという点。ポルノは日本の文化に立脚しているのではないか。中国は規制が厳しすぎるが、日本は各分野で規制が少なすぎるのではないか」。「規制」は悪、「公開」は善と無条件に考えがちな日本側は、さすがにこの発言には驚き、衝撃が大きかったせいか明確な反論はないままに終わった。

中国の驚異的な経済成長に、日本側からはついにこのような発言が飛び出した。「選挙をやって（リーダーを決めて）いる国家の景気が悪く、選挙をやっていない中国の景気がいいというのは興味深い」。確かに欧米でもロシアも韓国も台湾も、選挙で国家指導者を選出する国はみな景気が悪い。そればかりではなく、政治も信頼されずに、機能も果たせていない。それは民主主義という統治システムが、マーケットや情報革命のスピードについていけないからだろう。また、政策的にもうまく景気の舵取りができない。そのために与党は政権基盤を弱め、選挙を意識して政策はばらまき型になる。その結果、経済はますます悪くなり、政治への不信感も強まる。中国式の発展モデルは、いずれ破綻するといわれていたが、まだその兆しはない。おそらくは共産党支配下で、必要な政策を、時間をかけずにすぐに実施できるからだ。おまけに中国の最高指導者は、一〇年単位で交代する。どの国でも初めから一〇年もの長期を視野に入れて新たな指導者を選んでいる国はない。米国でも再選したとしても最長で二期八年である。日本は毎年一人だから、話にならない。

「民主主義」もまた終始、議論の一つの核となるテーマであった。「これからの三〇年間、中国が民主主義の方向に向かっていくことは間違いない。第一七回党大会でも二つの章をさいて民主主義・投票制度を解説している。共産党は現在の発展を『社会主義初期段階』と定義して、極力、社会主義を定義しないように逃げている。最大の危機は執政の正統性・合法性はどこにあるのかという問題だ。共産党はとても心配している。民主主義を推進するのは方向性としては間違っていない。私も期待している。ただ一三億人を統治するための民主主義とは何なのか。どんな民主主義が一三億人の中国を救うことができるのか」（第五回）

この率直な意見に対して日本側からは「こういう人が中国にいる限り、中国は信頼できると思った」という感想が寄せられた。日本側からも「日中ともに自国のモデルが限界に来ている、よって模索しているということだろう。それぞれの国家が迷い始めているという意味で危険なんだなと思う。ナショナリズムの台頭という大きなテーマだ」という意見が出た。会議を始めた当初、互いにどこか偏見のようなものを持っていた。やっかいなのはそれが偏見とは気づかずに、相手に対する正しい認識の一部だと思い込んでいたことである。日本側のそれは「中国では一切の政府・共産党批判は許されず、たまに行われる反日デモ等は政府が暗黙の了解を与えている」などという類いである。一方、中国側は、「日本人は歴史認識を間違えており、友好的な人は多くない」などというものである。この偏見が、論議の最大の壁であった。その壁が激しい論争をくり返す間に、少しずつ低くなっていった。互いに親近感を感じ始め、信頼が芽生えてくると、不思議なほど議論は深くなり、かつ建設的な提案も多くなっていった。

会議のさなかにはそれほどには感じなかったが、三年間六回にわたる会議の記録を読み返してみると、日本と中国の間で、これほど激しく、これほど長く、これほど深く、そしてこれほど温かい会話が交わされたことはないのではないだろうか。日中間にはさまざまなレベルの交流があり、長い歴史を持つものも少なくないが、ほぼ友好一辺倒で、互いにナイフを手にしてのど元へ切り込んでいくような論議は初めてだろうと思う。

「あなたは誰なのか」

最終の第六回会議は東日本大震災が最大のテーマになった。とりわけ福島第一原発の事故は「日本モデル」が間違っていたために起こったのかどうか、その後の対応などをめぐり、活発な意見が出た。中国でも高速鉄道の脱線、落下事故や四川大地震などがあり、互いに危機管理について論議を交わした。中国側から出た意見で注目したのは次のようなものであった。「原子力でなければ日本はどんなエネルギーを使うのか、想像もできない。一回事故が起きたからといって、なぜ、もう（原発は）いらないという極端な議論になってしまうのか。中国で高速鉄道事件が起きてから、民衆の間では『もう二度と乗らない』という世論がほんの短い間に広がった。しかし私は、事件が起きてからわずか四日後に、北京—上海間で高速鉄道に乗った。途中の南京駅で時計を見たら、列車は時間通りに進んでいた。安全性が確保されたなかで、高速鉄道はやはり便利なものだと再確認したのだ。事故が起きたからといって、存在そのものを否定するのは現実的ではなく、原子力の問題も一緒だと思う」。将来、原子力に依存しないエネルギー政策を模索したいという日本と、今後、原発の新規増設を急ごうとする中国との事情の違いが滲み出ていた。

最終回の議論は、互いにどのような国づくりを目指し、いかなる二国間関係を築こうとしているのかというテーマに収斂されていった。そのなかで日本側を緊張させた中国側の問い掛けがあった。

「私が日本のジャーナリストの皆さんに伺いたかったこと、それは『日本とは誰なのか。そしてどこへ向かっているのか？』。日本と米国の関係は際立っている。でも地理的には日本はアジアにいる。日本は欧米とアジアの間でどういうポジショニングを取っていくのか。米国の側にいる日本なのか。それともアジアのなかの日本なのか。政治的には米国と一緒にやっていくしかないだろうが、経済的には独立した政策を出す必要があるのではないか。また日本の首相が代わるたびに（メディアが）彼らのビジョンに反応する必要があるのか。中国にはさまざまな問題があるが、長所も短所もクリアである。日本は非常に不透明だ」

これに対して日本側から反論があった。「『あなたは誰なんだ？』という問い掛けを私は中国に対してしている。中国側の意見には大差がない。日本側はめちゃくちゃだ。一九七二年の国交正常化以降、交流のなかで語られていたのは『友好』だけだった。本当のことは語られなかった。『あなたは誰なんだ？』という問題を追いつめていくことが（ジャーナリストとしての）われわれの仕事だと思う」

互いのモデルの是非をめぐる論議が、しだいにどのようにすれば正しい理解へとつなげることができるかという議論になっていった。日本側は日本モデル、とりわけ政治については毎年首相交代が起こる現状を踏まえ、自信のなさが滲み出ていた。しかし、「制度の部分での調整は必要だが、体制そのものを変えたいとは誰も思っていない。やはり民主主義がいい」というのが共通認識だった。一方、中国側は「リーダーが選挙で選ばれるほうがいいとは思うし、いずれはその方向にいくのではないか。ただし、共産党体制の現状は中国の歴史や文化から考えれば、決して悪いとは思っていない」というところがおおむね本音のようであった。これからの課題としては互いを正確に認識したうえで違いを認め、理解を深めていくことという方向性は確認できたと思う。ではどのようにして、まずは互いの違いを正確に認識するのか。日本と中国は顔つきも区別が難しいし、食べ物も漢字文化も共通部分が多いので、何とはなしに相手の考えがわかるような気分になっているところがある。実は歴史的には常に対立の芽を抱えた関係だったということを確認する一方で、一衣帯水といいながら、まったくの外国であるということを互いに認識しなければならない。文化的にも共通部分が多いということが阿吽《あうん》の呼吸という考え方に結びつきがちだ。だから「礼」が問題になる。相手がアングロ・サクソンだったら、気にならないことも日中では問題になってしまうのである。

本音に近づいた議論

両国の主要なメディアにそれぞれが登場して意見を述べる、ということでは異論はまずないだろう。すでにこの会議をきっかけにして一部で実現しているが、もっと本格的にメディアを開放し、そこで互いの真の姿や考え方を知ってもらおうということである。メディアを通じて「なんだ、考えていることはそんなに違わないんだ」ということがわかれば、ネット上での誹謗中傷がどれだけあろうと、それほど関係が悪化したりしないだろう。最近の世論調査では中国の対日感情よりも日本の対中感情のほうが悪化していることがわかる。その一つの理由は、やはりメディアの伝え方にあるように思う。すべての事故や犯罪などに政府が背後にいるような報道をしてこなかったかどうかを検証する必要がある。

中国側でも日本の文化などを紹介するメディアも出てきているし、書店ではルース・ベネディクトの『菊と刀』など日本に関するものが売れているという。また大震災や原発事故の後、日本人の整然とした振る舞いなどがメディアでも盛んに取り上げられ、日本に対する認識が一部ではあるが、変化しつつあるという。日本側ではこう述べた人もいた。「ここまで率直に議論ができることに驚いた。この会議に参加することを上司に話したら『独裁国家のプロパガンダである中国メディアと話をして何になるんだ』という反応だった。日本ではほとんどの人がこういう対中観を持っていると思う。経済力の変化もあって、中国社会における日本社会に対する関心が低下していることを懸念してはいたが、今回の会議を通じて、そんなことはないと再確認できてよかった」

ここまで主に日本と中国のそれぞれの国家、社会のモデルをめぐる論争を中心に振り返ってみた。議論そのものは行きつ戻りつしているし、何度も似たような議論が出てきている。また参加者が六回ともすべて同じではなく、むしろすべての回に出席したメンバーのほうが少数派だろうと思う。そのため、初めの二、三回は似たような非難の応酬だったこともあった。なにしろ日中関係について議論するときは、「友好」か「歴史認識」のどちらかから入るというのがこれまで半ば常識のようになっていた。この会議の途中から、この常識は崩れ、日中双方のやりとりばかりでなく、日本側同士の応酬や中国側同士の質疑応答などもまざってくるようになった。これこそ論議が建前一辺倒から抜け出し、本音に近づいた証左であろう。

中国側のメンバーの一人は、こう締めくくった。「中国は三つの変化に直面している。①国家が小さくなり、国民が大きくなっている、②純粋な経済改革が社会や政治を含めた総合的な改革の時代に取って代わられた、③コンプレックスの塊だった中国人が自信を持って包容力を持てるようになった。この三つを、バランスを取って推し進めていく必要がある。バランスが中国最大の戦略である」

会議では中国側メンバーの発言に自信の裏付けのようなものを感じた。これが「包容力」という言葉になったのだろう。それに対して日本側は、国家や社会の勢いの衰えを象徴するかのように、いかに日本にも問題が多いかを強調するものがだんだん増えていった。中国側メンバーの表現を借りていえば「国家が小さくなり国民が大きくなる中国」に対し、日本では「政府がますます信用されなくなり、ポピュリズム先行で『決められない政治』になっている」という強い不満がある。

私事で恐縮だが、筆者は数年前まで日本とロシアの間の「日露賢人会議」の日本側メンバーだった。両国からそれぞれ七人が参加し、（メンバー固定）日露間の問題、主として北方領土問題と経済協力だが、三年ほど議論を続けた。雰囲気は決して悪くはなかったが、それでも建前論の壁を越えることはできなかった。

それに比べれば、日中ジャーナリスト交流会議は全く違う。「本音」というむき身の真剣でつばぜり合いをするところまで来たと思う。日本側座長の田原総一朗さんと、かつて「日米ジャーナリスト会議」というのにも参加したことがある。両国ともそうとうな顔ぶれだったが、議論の中身は薄かった。日米の対立するものがあまりないのである。対立する問題のない関係での論議がこれほど薄くなるとは考えてもみなかった。最後に中国側から提案があった。①日中間で重大な突発事件が起きたときに、両国のジャーナリストが相手の立場に立った報道を通じて、良好な雰囲気づくりをする、②文化的ギャップをきっちり認識し、それを乗り越えて報道に取り組む、③メディアの交流を拡大し、ニューメディアも含めて相互理解のチャネルを成熟させていきたい」。この報告者の最後の言葉でこの章を締めくくりたい。「苦労は報われる。歴史は私たちの流した汗を忘れない」

3　一党独裁体制が抱える闇

加藤隆則

「自信過剰の中国」に潜む矛盾

日中ジャーナリスト交流会議のうち、私は二〇一一年九月末、北京で開催された第六回会議のみに参加した。日本側メンバーで唯一、現役の中国駐在記者だった私は、中国に身を置きながら日本人ジャーナリストの発言に耳を傾け、一方、外国メディアを前によそ行きの表情を見せる中国人ジャーナリストの発言を聞くという、特異な経験をした。実感したのは、日本を抜き世界第二位の経済大国となった自信過剰の中国と、東日本大震災、そして原子力発電所事故の後遺症を抱える自信喪失の日本、という構図が鮮明だったことだ。

なかでも、中国の著名キャスターから「日本の顔が見えない」と苦言を呈されたことが印象に残った。それに対し私は、「中国のこともよくわからない。わからないからこそ、それを探るのがわれわれ記者の仕事だと思う」と発言した。また、別の場面では、「改革・開放政策後の経済成長について、十分な総括ができていない」ことを指摘し、中国がこれから進むべき道について、中国人自身が不安を持っていることにも言及した。

改革・開放は中国に多くの果実をもたらしたが、中国人は数字にばかり振り回され、どうして今があるのか、と原因を探求するいとまもない。改革・開放政策導入から三〇周年を迎えた二〇〇八年一二月、胡錦濤総書記（国家主席）は記念式典で演説し、鄧小平が主導した改革・開放を辛亥革命、中華人民共和国建国に続く「第三の革命」と位置づけた。そして、「三〇年の偉大な歩みは、改革・開放があって初めて中国を発展させることができることを示してくれた」と称賛した。だが、四年後の二〇一二年、鄧小平の「南巡講話《なんじゅんこうわ》」から二〇周年を迎えると、今度は一気に改革の停滞を反省する声が各界で上がった。一九八九年の天安門事件後、資本主義体制を批判する保守派の抵抗で停滞する経済建設を打開するため、イデオロギー論争にとらわれない大胆な改革の実践を求めたのが「南巡講話」である。

鄧小平は、一部の地区が先に発展する「先富論《せんぷろん》」を経て、極端な貧富格差のない「共同富裕」に到達する構想を語ったが、現状は富の偏在が許容範囲を超えてしまった。世界銀行の調査によると、中国では一％の家庭が四一・四％の富を独占し、「平等」を掲げる社会主義国の価値観が根底から揺さぶられた。当時、鄧小平の指示で宣伝工作を担当した周瑞金《しゅうずいきん》・元解放日報副編集長は、複数の中国メディアを通じ、「中国の改革は今一度、危機的な時期を迎えている」（時事問題誌『同舟共進』）と警鐘を鳴らした。権力と結びついた利益集団が改革の阻害要因となっていることは、すでに共通認識となっている。「ともに貧しかった」毛沢東時代を回顧する風潮も広がり、左翼思想の復活を危惧する声も強まっている。危機意識の高まりが、南巡講話二〇周年を機に、あらためて「共同富裕」の原点に立ち返ることを求めている。

冒頭で指摘した中国の自信過剰は、日本、あるいは経済不振にあえぐ欧米との対比のなかで強化されている面があるが、中国の内実は、以上のような危機感が社会を覆っている。私が日ごろ、中国人から聞かされるのは自信よりも不安の声である。都市と農村の出身地や学歴、家庭環境によって生じる貧富格差の拡大、官僚にとどまらず教師、医師にまで拡散した腐敗、さらにはニセ物や有害食品の横行まで、成長が生んだひずみとしての社会矛盾が、有効な手だてのないまま放置されている。

広東省仏山市では二〇一一年一〇月、二歳の女児がひき逃げされ、現場を一八人が通りかかりながら、救助もせずに置き去りにした事件が起きた。道徳の荒廃も大きな社会問題だ。中国の金融機関が二〇一二年にまとめた「中国私人財産報告」は、資産約一億二〇〇〇万円以上の富裕層の約六割が、欧米に投資をして永住権や国籍を取得する「投資移民」の手続きを済ませたか、または検討中としている。中国が「世界最大の移民輸出国家」(人民日報)になっているのも、こうした社会の不安を反映している。移民熱は中産階級にまで広がっている。

急ぎすぎる成長への不安を一気に爆発させたのが、第六回日中ジャーナリスト交流会議の二カ月前の七月二三日、浙江省温州市で起きた高速鉄道事故だ。列車の追突で四〇人が死亡し、中国の高速鉄道では最悪の事故となった。この事故では、車体を地中に埋める証拠隠滅まがいの行為や、人命よりも復旧を優先させる非人道的対応が、メディアやインターネットで批判を受けた。庶民の不満は宣伝当局の規制を突き破ったのだが、まだ記憶の生々しいうちに開かれたジャーナリスト会議では、中国側参加者が事故をまるで遠い過去の出来事であるかのように語っていた。安全への過信をあざ笑うかのように、会議最終日の九月二七日午後、上海市中心部を走る地下鉄一〇号線で、列車の追突事故が発生し、二七〇人以上が負傷した。この事故の対応で、私は残念ながら打ち上げの夕食会を欠席することになった。開発を急いだ中国の鉄道に関する安全性は依然、大きな問題を抱えていることを浮き彫りにした。

2012年3月5日、北京・人民大会堂で開かれた全国人民代表大会開幕式に出席する薄熙来・重慶市党委書記（当時）
（撮影：青山謙太郎）

重慶市書記失脚事件の舞台裏

日本の復興が進み、中国社会内部の矛盾が深まるにつれ、中国の自信にもかげりが生まれつつある。大国化に伴って周辺海域での権益を拡大させる一方、関係国との摩擦が増大し、国際的な孤立化の様相も深まっている。そんななか、二〇一二年三月、北京で開かれた第一一期全国人民代表大会（全人代）第五回会議を舞台に重慶市の政変劇が演じられ、内外の大きな関心を集めた。単なる政治闘争にとどまらず、中国の深層に横たわる闇を映し出した点で、歴史的な意義を有する事件である。以下、同事件を振り返りながら、中国が抱える歴史の闇、そして、闇による桎梏《しっこく》から逃れ得ていない中国社会の実情を描いてみたい。

二〇一二年三月一五日午前、国営新華社通信が薄《はく》熙来《きらい》・重慶市党委書記の解任を報じた。突然のニュースではあったが、振り返ってみれば前日の一四日、すでに周到な世論対策が講じられていた。同日、北京で開かれていた全人代の閉幕後、温家宝首相は恒例の記者会見を開いた。そして、王立軍・前重慶市公安局長が二月六日、成都市の米総領事館に駆け込んだ事件について、「重慶市党委と市政府は必ず反省し、真剣に事件の教訓をくみ取るべきだ」と厳しい口調で批判した。

重慶市は中央政府が直接管轄する直轄市で、省や自治区と同レベル。王立軍は当時、同市副市長の職にあり、中国では省部級の上級幹部だ。これほどの高位高官が外国の公館に駆け込むというスキャンダルは「建国以来のこと」（党関係者）だった。インターネットでは、毛沢東との政争に敗れた林彪国防相らが一九七一年九月、ソ連に逃亡しようとして、モンゴルで墜死したとされる九・一三事件になぞらえ、「九・一三事件の再演だ」ともささやかれた。

王立軍が米国総領事館に駆け込んだ事件は、まずその背景を説明する必要がある。薄熙来は、二〇〇七年一二月、貿易担当の商務相から同市書記に就任。二〇〇九年六月以降、王を起用して「打黒《ダーヘイ》（暴力団排除）」運動に乗り出した。市公安局によると、二年間で五〇〇以上の組織と五七〇〇人以上の組員を摘発し、同市司法局長や公安局副局長も汚職で起訴した。ところが、捜査対象をやみくもに広げたため、一九九九年から二〇〇二年まで同市党委書記を務めた党政治局常務委員の賀国強《がこっきょう》・党中央規律検査委員会（中規委）書記ら歴代市幹部の人脈も摘発の対象に加えてしまった。反発した賀書記は中規委を動員し、王が以前所属していた遼寧省鉄嶺市公安局の幹部六人を相次ぎ摘発。さらに王自身の経済問題も追及したのである。

また、党中央は上級幹部に対し、「薄の妻に関する経済問題が発覚し、王が薄に対応を相談したことが薄の逆鱗に触れ、これが発端となった」との見解を示した。ほかの指導者の関与を排除し、党内分裂を避ける方便の側面があるが、いずれにしても、薄のもとで王が身の危険を感じていたことは確かだ。王は米総領事館に駆け込む直前、知り合いの全国紙記者に「薄と一緒にいたら自分の身が危ない」とおびえながら訴えている。党関係者によると、成都では旧知の外事担当公安幹部の紹介で米総領事館に入り、身柄を引き取りに来た黄奇帆《こうきはん》・重慶市長に会った際は、涙を流して窮状を訴えたという。薄は全人代期間中の三月九日、内外メディアに対し、「(駆け込み事件は)予想もしなかった」と直接関与を否定しながら、「監督責任は感じている」と認めざるを得なかった。

だが、温首相の会見で最も注目されたのは、薄への批判に加え、「文化大革命(一九六六～一九七六年)の誤りと封建的な影響は完全にはぬぐえていない」と明言し、文革を総括した「建国以来の党の若干の歴史問題に関する決議」(歴史決議)を二度も引用したことだ。同決議は鄧小平が起草を指示し、一九八一年の共産党第一一期中央委員会第六回全体会議(一一期六中全会)で採択された。文革を「人民に大きな災難をもたらした内乱」として否定し、封建思想の影響が背景にあったと指摘した。誤った左派路線について、毛沢東に「主な責任がある」と言い切ったが、毛の「偉大な革命家」としての評価は維持された。

薄は大衆受けを狙い、「打黒」運動のほか、毛沢東時代の「紅歌《ホンゴー》」(革命歌)」を広める「唱紅《チャンホン》」運動を展開した。資本主義経済を取り入れた改革・開放政策に批判的な保守派層は、「重慶は現代の延安だ」とエールを送り、薄を毛沢東の再来として英雄視さえしていた。延安は共産党軍が一九三五年、根拠地に定めた革命の聖地である。だが、唱紅運動は、改革派知識人の間で強い拒絶反応を引き起こした。党機関紙『人民日報』が発行する雑誌『人民論壇』(二〇一一年六月下号)は、「中国人が潜在的に持っている極左的思想を呼び覚まし、階級闘争というパンドラの箱を開ける恐れがある」と警鐘を鳴らす上海師範大学歴史学部の蕭功《しょうこう》秦《しん》教授の論評を掲載した。作家の呉祚来《ごそらい》・元中国芸術院教授も私に対し、「政府主導の合唱は多様化する文化の潮流に反する。歌詞には党を賛美するため誇張や虚飾が含まれ、現代文明社会の価値観とかけ離れている」と時代錯誤を指摘したうえで、「薄熙来はたいしてお金のかからない唱紅運動で大衆に対する大きな影響力を獲得したアジテーターの名手に過ぎない」と痛烈に批判した。

また、打黒運動も法学者やメディアから強く批判された。不当な暴力におびえていた庶民は、やくざ者が一掃されたことを歓迎したが、二年間の間に五七〇〇人以上を摘発する荒療治は、当然、法的手続きを無視しなければ完遂し得なかった。とくに、起訴された民間企業経営者の代理人を務めた北京の李荘弁護士を、証拠偽造罪で投獄した事件は、強烈な批判を受けた。李は二〇〇九年一二月に逮捕され、二〇一〇年二月、懲役一年六月の実刑判決を受けた。多くの弁護士が支援に立ち上がり、証人の証拠調べも十分にしないで終わらせようとするずさんな訴訟に反発した。北京大学法学部の賀衛方教授は二〇一一年四月、重慶市に対し、薄が主導する打黒運動を痛切に批判する公開文書を提出した。賀は文革直後の一九七八年、重慶市にある西南政法大学法学部に学んだ。賀は文書のなかで、「公民の権利と自由の保障に貢献するため、決して文革の悲劇をこの地で再現させないよう決心をした」と法学を志した初心を振り返り、次のように書いた。

「民衆の投書と検挙という密告を奨励し、短期間で五〇〇〇人の黒社会関係者を逮捕した。数百人にのぼる特別捜査チームを組んで突撃隊のように仕事をし、〝重慶的スピード〟ともいえる速さで大量の逮捕を承認し、起訴から裁判までを行った。公安と検察、裁判所が協力し、審理の前にすでに判決は決められていた。三つの機関の相互チェック機能は完全にマヒした。このような手法は、検察権や裁判権の独立を明確に定めた中国憲法と刑事訴訟法に違反しないと、誰が思うだろうか」

改革派を自認する温首相の会見は、こうした世論の後押しを受けたものだった。温首相は、歴史の教訓によって説き伏せる中国人政治家の知恵を使い、重慶の時代錯誤的な政治手法を厳しく批判した。もちろん、解任劇を仕切ったのは胡錦濤総書記である。胡総書記は、二〇一一年七月一日の共産党創設九〇周年を記念する講演でも、「歴史決議」を持ち出し、「しっかり銘記すべきだ」と訴えている。九〇周年に際し、薄は唱紅の合唱団を北京に派遣し、自らも参加して「紅歌を万世に歌い継ごう」とするコンサートを開いた。だが、党政治局常務委員を含め中央の指導部は参加せず、一定の距離を保った。薄の政治的野心が際立ち、「スタンドプレーが警戒された」（中国紙記者）ためだ。このころから、薄に対する党首脳部の警戒心は高まっていったようだ。

法治を軽んじる政治体質

温首相は「封建的な影響は完全にはぬぐえていない」と言ったが、その責任は薄一人に押しつけて解決されるものではない。指摘された封建思想は、皇帝のように毛沢東を個人崇拝し、単一の価値観を強制する体質である。法は無視され、大衆運動によって政敵は排除される。毛沢東はこの国民性を逆手にとって文革、それにさかのぼる大躍進（一九五八～一九六〇年）を主導し、数千万人の犠牲者を生んだ。それでも毛沢東を「偉大な革命家」とする評価を維持したことで、文革の清算は不十分なまま終わった。

毛沢東が一九五七年から仕掛けた反右派闘争で、法治は右派による共産党攻撃の手段だとして批判を受け、司法は共産党に独占された。文革期は裁判所と捜査機関が、毛沢東の主導する革命委員会に隷属させられ、法自体が否定された。文革終了後、党中央は文革とそれ以前の反右派闘争の犠牲者に対する名誉回復に乗り出し、一九八五年までに約三〇〇万人の幹部を含む数千万人の冤罪案件を撤回したとされる。だが、それも胡耀邦という改革派総書記がいたからこそできたことだった。

胡耀邦は、「どうして神を求め、仏を拝む人々がどんどん増えているのか？　これは『庶民に意見があっても述べることができず、無実の罪が晴らされなければ、神に訴えるしかない』からだ。これは顧炎武《こえんぶ》が言った言葉だ。夢にも思わなかったことだ。世の中を改革する志を立てたわれわれ共産党員が、結局は歴代の封建統治者と同様、冤罪、偽証、誤審事件に遭いながら救われない大量の人々を生み出してしまったとは！」（戴煌《たいこう》『胡耀邦與平反冤假錯案』）と悲憤慷慨した。顧炎武は明末清初の著名な思想家。胡耀邦は三〇〇年前の言葉を引用し、現代の後進性を批判したのだ。

闇に光をともすのは法治であることを、中国は悲惨な歴史から学んだはずだった。だが、独裁者の出現を防ぐ法治の重要性が、「偉大な革命家」の業績に覆い隠され、十分に認識されないまま放置された。文革後の一九七八年一二月、党第一一期中央委員会第三回全体会議（一一期三中全会）は「社会主義法制」の強化を訴え、「依るべき法を持ち、法に必ず従い、厳格に法を執行し、法律違反は必ず罰する」との決議を採択した。一一期三中全会は、毛沢東路線から、鄧小平による改革・開放体制への転換を図るため、依って立つ法の権威確立が重要なポイントとなった。一九九七年には、第一五回党大会の政治報告に「法治社会の建設」が盛り込まれた。江沢民総書記は同報告で「法に依って国を治めることは、党が人民を指導して国家を治める基本方略であり、社会主義市場経済を発展させる客観的要請であり、国の長治久安にとって重要な保障である」と述べた。当時、最高権力者として君臨した鄧小平が同年二月に死去したことで、新たな権力の拠り所を法に求める必要があったのである。さらに、二〇〇二年一一月、総書記に就任したばかりの胡錦濤が、権力基盤の固まっていないなかでまず強調したのも「社会の憲法意識を確立し、憲法の権威を守らなければならない」（同年一二月四日の憲法公布施行二〇周年記念大会講話）ということだった。

歴代の指導者が口にする法治は、多分にその時々の政治的都合を反映したもので、制度化されたものではない。二〇一二年秋、習近平国家副主席に政権をバトンタッチする胡錦濤政権もこの一〇年間、法治の建設に十分な仕事を残したとはいえない。胡耀邦の薫陶を受けた胡錦濤だが、政権発足当初の期待に反し、言論の自由や裁判の独立には背を向け、統治の安定を優先させて政治改革を後退させた。改革派の知識人たちは、「憲政の道は遠ざかった」と落胆している。一三年間、総書記の座に居続けた江沢民の影響力が強く、盤石な権力基盤を築くことのできなかった胡は、抵抗勢力を抑えて改革を推し進めるだけ力を持たなかった、と見ることも可能だろう。だが、「何もしなかった一〇年」という胡政権への否定的評価は多くの識者が共有している。

法治における、胡政権の失策例を一つ挙げておく。二〇〇七年七月、中国国家食品薬品監督管理局長の鄭《てい》篠《しょう》萸《ゆ》に対し死刑が執行された。鄭は同局の前身である国家医薬管理局、国家薬品監督管理局の局長時代を含め、一九九七年六月から二〇〇六年一二月までの間、製薬八社に薬品、医療機器の審査や認可で便宜を図り、その見返りとして、直接または妻子を通じて複数回にわたって総額六四九万元の賄賂を受け取っていた。二〇〇一年からは虚偽の申告資料に基づく薬品に生産許可を与え、うち六製品は偽薬だったという。国民の生命や健康にかかわり、国際的な信用に直結する食の安全問題は、胡政権にとって最優先課題の一つである。だが、司法手続きには問題が多かった。弁護人は判決文をインターネットで公開し、「偽薬品の製造元からは金銭の授受がないなど、解明されていない事実がたくさんある」と疑問点を指摘した。「死刑は重すぎる」とする弁護人の意見を掲載した経済紙『第一財経日報』は編集長らが処分を受け、死刑執行翌日の『人民日報』社説は、「判決は国民の意思と願いを十分に体現し、法律の公正と正義の精神を十分体現し、そして、中国共産党と国家が断固として腐敗を処罰する決意を表した」と簡単に片づけてしまった。この事件は、「胡錦濤が特に処理を指示した」（全国誌司法記者）ものだった。

死刑を慎重に執行し、減らしていく政策を掲げながら、政治的目的のため判決に介入し、人命までも見せしめに使ってしまうのが、胡政権をはじめとする歴代政権の真の姿なのだ。司法の独立などを求める「〇八憲章」を起草し、ノーベル平和賞を受けた民主活動家の劉暁《りゅうぎょう》波《は》が二〇〇九年一二月、国家政権転覆扇動罪で懲役一一年の判決を受けた事件にしろ、さらには人権運動に熱心な著名芸術家の艾未未《アイウェイウェイ》が二〇一一年四月から約三カ月間、脱税容疑で不当に拘束された事件にしろ、いずれも胡政権下で起きている。艾未未は全人代開幕前の二〇一二年三月一日、私のインタビューを受け、「生命の軽視は倫理の崩壊を物語る。われわれ中国人は、文化大革命や（一九六〇年前後の三年間に経済政策の失敗により多数の餓死者が出た）『三年自然災害』でいったい何人が犠牲になったのかを知らないのだ」と痛切に訴えた。

歴史の負の遺産

胡総書記と温首相が、文革を総括する歴史決議を取り上げたのも、しょせんは薄熙来を追い落とすための口実に過ぎず、二〇一二年秋の第一八回党大会を前にした政治闘争の側面ばかりが際立ってくる。胡は二〇一一年、上海在住のいとこである胡錦星・上海増愛基金会理事長を重慶に派遣し、打黒や唱紅運動に対する支持を伝えている。胡錦星理事長は重慶市党委機関紙『重慶日報』の取材を受け、「重慶の政治はうまくいっており、人々も安心して生活している」（同年一〇月六日付）と答えている。薄解任後、「烏有之郷《ウーヨウジーシアン》（ユートピア）」など左派系の主要サイトが相次いで閉鎖され、改革派からも「これこそ文革方式だ」と批判の声が上がったことを、胡政権は重く受け止めなければならない。

また、次期政権をリードする習近平も二〇一〇年一二月に重慶を訪問し、「近年の重慶の安定した改革発展について成果を上げていることに対し、十分な肯定をした」（重慶日報）という。その意味では、習も薄と同様の価値観を共有している。習の父親は習仲勲《しゅうちゅうくん》・元副首相、薄は薄一波《はくいっぱ》・元副首相の次男で、ともに党高級幹部子弟グループ「太子党」と称され、もともと関係が深かった。習体制に託された歴史清算の課題は重い。習以外にも、ナンバー2の呉邦国《ごほうこく》・全人代常務委員長や周永康《しゅうえいこう》・党中央政法委書記、思想・宣伝担当の李長春ら政治局常務委員がこぞって重慶を訪れ、薄の業績をたたえてきた。中国社会でいかに法治が軽視されているかがわかる。優先されるのは常に統治者の視点に立った治安維持なのであり、そのために人権が侵害されることには注意が払われない。

二〇一二年の全人代では、人権保護の強化を目的とした一六年ぶりの刑事訴訟法改正案が可決された。同案は、「人権を尊重し保障する」との条文を挿入。新たに①被疑者に対する自白の強要を禁止、②違法収集証拠の採用禁止、③捜査段階での弁護人選任、④弁護人による送検後の証拠閲覧――といった条項を盛り込んだ。拷問や不当拘束などの人権侵害が多発し、海外からも批判が強まっている状況を受けた措置だ。だが、「被疑者は捜査員の質問に対し、真実を答えなければならない」（第九三条）との規定は残り、黙秘権の保障は不十分なままだ。元全人代法律委副主任の江平・元中国政法大学学長は「技術的な規則の変更をしたところで、共産党と政府の権力を分離し、裁判の独立を尊重する大原則が実現できなければ、司法改革は後退だ」と指摘する。李荘事件で顧問団に加わった江平は、重慶の「打黒」を「文革の名残を復活させるものだ」とし、「司法の独立を求める声が消え、司法の公正ばかりが言われる現状は司法改革の後退だ」と言い切る。

清朝末の立憲君主論者、梁啓超《りょうけいちょう》が、紀元前三世紀の思想家、荀子が「有治人、無治法（治める人があって、治める法があるのではない）」と述べたことを引き合いに出し、「荀子が述べた『有治人、無治法』の一言は、天下をことごとく誤らせ、そのためわが中華は一〇〇〇年来、法のない国となり、法のない民となった」（『論立法権』）と中国の後進性を批判した。一九一一年の辛亥革命を主導した孫文は、専制を打破する三民主義の一つとして民権主義を提唱。憲政の実現を求め、立法、司法、行政などの権力分立を訴えた。そして三民主義を受け継いだ毛沢東は「人民の自由がなければ、真の民選の国会はなく、真の民選の政府もない」（一九四五年「連合政府論」）と訴えたが、党は独裁の道を突き進み、一九八九年の天安門事件では民主化要求を武力で弾圧した。一党独裁が抱える闇は、中国の歴史が背負った闇なのである。残念ながら、その闇を直視し、乗り越えようとしているメディアは、改革派知識人たちが主宰する月刊誌『炎黄春秋』などごくわずかしかない。

4 中国に「第三の道」はあるか

渡辺陽介

柔軟性に富む中国政治

一九九二年一〇月、中国共産党は北京で開いた第一四回党大会で「社会主義市場経済」の確立を九〇年代の最大任務として採択した。筆者は当時、東京の通信社で北京から来る原稿の処理にあたっていたが、デスク前を通り過ぎる同僚が「社会主義市場経済」の言葉に「なんだそれは」と、次々にあきれたような表情を浮かべたことを思い出す。「社会主義」と水と油の「市場経済」を、無理やり合体させたような言葉が「究極のご都合主義」に見えたからだろう。筆者自身も「こんなやり方がうまくいくだろうか」と違和感を持ったものだ。

しかし、その後、中国経済は急速な発展を遂げ、二〇一〇年には国内総生産（GDP）が日本を抜いた。貧富の格差拡大など、中国経済が多くの問題を抱えていることは事実としても「社会主義市場経済」の概念が、経済発展をもたらし、国富を増大させた「功績」を否定できない。融通無碍《ゆうずうむげ》の中国のやり方を、あざけりや、揶揄《やゆ》の対象として見るべきではなく、むしろ中国政治の柔軟性の現れとして真剣に向き合うべきだった。中国経済のシステムは、グローバル化が進む世界経済への適応という点では、むしろ日本経済より順応性が高い面があることを多くの識者も指摘する。

愛知県立大学の與那覇《よなは》潤准教授は著書『中国化する日本』（文藝春秋）のなかで、現在の中国のシステムは宋王朝の成立（九六〇年）によって枠組みができ、その柱の一つは「経済や社会を徹底的に自由化する代わりに、政治の秩序は一極支配によって維持する」ことだったと指摘している。(注1)これは、今の中国共産党の政治システムそのものともいえる。社会主義市場経済は、約一〇〇〇年前の中国システムへの回帰を世界に宣言したに等しいのかもしれない。いずれにしても、民主主義の日本で、政府の統治能力の低下がしばしば指摘されるなか、われわれは政治の存在する意義、理想の政治制度などについて、もう一度基本から考え直す必要に迫られている。その際には、「民主主義の日本」が「政治改革の遅れた中国」を一段下に見るような態度は不要であろう。

「第三の道」を模索しているのは、共産党独裁下で政治的自由の拡大を目指す一部の中国人だけではない。民主主義制度を強く支持しながらも、その実行力の弱さや制度疲労に頭を悩ます多くの日本人の課題でもあるといえる。

第五回日中ジャーナリスト交流会議（二〇一〇年四月）では、中国側参加者が「中国人は過去三〇年以上、日本人から学ぼうとしてきた」と述べたうえで「日本は中国から学ぶことはないのか。私はあると思う」と指摘。具体的には「日本の重大な弱点は変化を遂げる能力が極端に低いことだ」などとし、日本が改善すべき点として「変化の能力」「実行能力の効率を上げること」「明確な戦略目標を持つこと」「（物事に）もう少し楽観的にリラックスして取り組むこと」を挙げた。

中国モデルへの自信

会議で出たように、中国でも「あるべき政治の姿」について多様な意見がある。第四回日中ジャーナリスト交流会議（二〇〇九年一一月）では、中国側参加者から「改革を進めなければ中国は滅びてしまう」と現状への率直な批判が表明される一方、「われわれには（日本と）異なる歴史、価値観がある。日本のやり方が適合するわけではない」「ソ連は経済の非自由化と政治の自由化をやった。その結果、崩壊した。鄧小平の選択は正しかった」などと改革・開放以来の政策を擁護する意見も目立った。

中国は急速な経済成長を実現、二〇〇八年の北京五輪と二〇一〇年の上海万博も成功させた。軍事力も強化し、国際的地位も高まっている。このことに大きな自信を持ち、自らの国のあり方への自負心を強めている中国人が増えているのは事実であろう。一九八九年の天安門事件で日米欧各国から経済制裁を受け、国際的な孤立感を深めていた時期とは様変わりといえる。第五回交流会議で日本側参加者は、一九八九年の天安門事件後に五年から一〇年程度で共産党政権が崩壊するとの見方が日本にあったが正しくなかったとして「共産党の組織力・統治能力を過小評価したことが問題だった。共産党が高度に組織化された政治形態であることは間違いない」と述べた。

「ワシントンコンセンサス」「北京コンセンサス」という言葉がある。北京コンセンサスは、二〇〇四年に米国の中国専門家、ジョシュア・クーパー・ラモ氏が提唱したとされる。最近では、民主化、自由選挙、民間主導の自由経済に基づくモデルである「ワシントンコンセンサス」に対し、政治の民主化を伴わない政府主導の市場経済、エリート支配、自由の一定の制限により社会の安定を保つモデルが「北京コンセンサス」とか「中国模式（モデル）」などと呼ばれることが多いようだ。二〇〇八年九月のリーマンショックによる米国の景気後退、その後の欧州金融危機の混乱、日本の長期停滞などを受けて、こうした中国式統治への自信を深めている中国の識者も目立つ。本稿では現状の中国式統治方式を「中国モデル」と呼ぶこととしたい。

中国モデルは、中国の急速な経済発展という実績を得て発展途上国などでも信奉者が増えているという。従来の「開発独裁」とは異なる、独特の発展方式であるとの見方も強まっているようだ。

効率性の高い中国モデル

まずは、中国モデルの「光」の部分を見てみよう。

①効率性と実行力

第一に、行政の効率性が高く、経済建設などの目標設定とその実行において極めて有効であることだ。特に空港、高速道路などインフラ整備で目立った成果が現れる。中国の公共事業のスピードは、空港などの建設開始から完成まで一〇年を超すことも珍しくない日本の公共事業と対照的である。

筆者が上海に駐在していた一九九四年、地元に建設予定だった空港の基本設計にかかわる業務を日本の会社が請け負った。この会社の技術者は、空港の建設予定地を視察、住民の多くが現地に居住しているのを見て、建設は絶望的と思った、と筆者に話した。日本で成田空港建設にかかわったことがあるため、住民移転の困難さを熟知していたためだ。しかし、数カ月後、空港予定地にあった住宅は跡形もなかった。技術者は、インフラ建設にかかわる行政のスピードを称賛した。高速道路も空港も、国民に必要なインフラの建設を驚くべき速さで達成してきたのが改革・開放の中国である。

事業の遂行にあたっては、意思決定は早く機敏である。また、柔軟性にも富んでいる。公共事業では、住民の反対があっても土地買収などで当局の意向を短期間に押し通すことが可能である。また、各国との自由貿易協定（ＦＴＡ）締結などで、中国は国内の農業団体の意向などに日本ほど配慮する必要がないため、結果的に機敏かつ柔軟な交渉が可能となっている。

②政治・行政・外交の継続性

中国モデルはまた、政治・行政の継続性、一貫性を担保するうえで、有効といえる。二〇一二年秋に開催される中国共産党大会では、習近平国家副主席が、共産党総書記に選出され、中国政治のトップの地位に就くことが確実視されている（二〇一二年三月末現在）。習近平氏は、総書記を二期一〇年務めると見られており、中国国民と国際社会は今後一〇年の中国政治の指導者を予測することができる。さらに、今回の共産党大会で、中国政治の最高意思決定機関である共産党政治局常務委員会に、四〇代の若手指導者が入ることになると、その人物は「第六世代」とも呼ばれる「ポスト習近平世代」の最有力候補とみなされる。最長の時間枠で見ると、今後二〇年の中国政治の指導メンバーを二〇一二年秋時点で予測できることになる。第三回日中ジャーナリスト交流会議（二〇〇八年一二月）で、中国側参加者が「日本はしょっちゅう政府が交替する」と指摘、日本政治の不安定性を批判していたが、中国政治は最高指導部の選出において驚異的な継続性を持っているといえる。

指導部の継続性はまた、外交の面においても有利である。首相が一年おきに代わる日本と比べると、中国外交は長期的な観点から政策を立案、実行することができる。

③人材の確保

中国モデルはまた、八〇〇〇万人を超す中国共産党員から選抜された官僚グループ内の徹底した競争を通じて、極めて有能な政治家、行政官を抜擢することに成功している。日本の例を見ても明らかなように、自由選挙は優秀な人材を選ぶのに、必ずしも適切な手段とはいえないのが現実だ。中国共産党は、共産主義青年団などのなかから有能な人材を選び、地方の首長などを経験させながら能力を見極める。中国の中央政治家のなかで驚くほど個人的能力が高い人が散見されるのは、このようなシステムが寄与していることを否定できない。北京の大学教授は二〇〇八年、筆者の取材に対し「十分な訓練もないままに首相職に就く政治家がいる日本と比べると、中国のシステムのほうが進んでいる」と断言した。市内の別の大学教授は「〝精鋭集団〟が一般国民を率いる政治システムは、中国政治の伝統を正しく反映している」と述べ、中国共産党の統治は、科挙も含めた近代以前からの中国の文化と伝統にのっとったものだ、との考えを示した。第四回日中ジャーナリスト交流会議で中国側パネリストは「中国数千年の封建時代のなかで、民主と法治が崇拝されたことはない」「西側の民主政治は選挙ベースのガバナンス（統治）、中国のガバナンスはパフォーマンスベースのガバナンスを採用している。ある意味、後者は前者よりも厳しい」などと述べ、中国の政治システムは日本や欧米と異なるが、必ずしも劣ったものではないことを強調した。

権力暴走などの問題点

以上のように、中国モデルには多数の利点があるものの、光の部分の背後には実は多くの問題があり、大きな「闇」を形成しているのも確かだ。温家宝首相ら共産党幹部の一部からも、これらの問題の解決のため、政治改革の推進を求める声が出ている。

①権力暴走の危険

中国においては権力を監視する意味での、西側でいう「報道の自由」や司法の独立による「法治」が十分に実施されていない。共産党と政府の「党政」は分離されておらず、あらゆる分野で共産党の指導が優先し、党の権力とバランスを取る監視機関は事実上、存在しない。

このため、「賢人政治」が実施されている間はいいが、暴走すると歯止めが利かないのは毛沢東時代の文化大革命の混乱が証明している。最近でも、中国重慶市のトップである共産党委員会書記を二〇一二年三月一五日に解任された薄熙来氏が、汚職摘発のために法律無視の強引な捜査を指揮し、でっち上げなどで多数の冤罪事件を生んだと指摘された。『ウォールストリート・ジャーナル』(アジア版)は社説で「薄氏自身が〝法律〟だった」と無軌道な捜査を批判し、「薄氏が失脚しなければ(汚職摘発に名を借りた)地元企業への脅迫は続いていただろう」と指摘。こうした政府当局者による「赤いテロ」は「一九四九年(の新中国建国)以来、共産党があらゆる分野で自らの優位性を譲らないという一貫したやり方を代表している」と伝えた。(注2) 中国の地方で、警察権力を取り込んだ地方の「ボス」による行きすぎた行為が折に触れて現地メディアで批判されるが、氷山の一角と見ていいだろう。

②腐敗の蔓延

権力暴走の一類型として中国政府自らが深刻に受け止めているのが腐敗、汚職の蔓延である。中国最高人民検察院(最高検)の曹建明《そうけんめい》検察長(検事総長)は二〇一二年三月一一日、北京で開催されていた全国人民代表大会(全人代=国会)で、二〇一一年の一年間に汚職など公務員の職務にかかわる犯罪で立件された人数が、前年比から六・一%増え、四万四〇八五人にのぼったとする活動報告を行った。

地方では、警察・司法当局も地元共産党幹部の強い影響下にあり、報道機関は共産党幹部への批判、監視を控える傾向にある。第三者的な監視機関の不在が腐敗の拡大を許している。

③行政手続きの不透明さと人権の軽視

中国モデルの長所として、インフラ建設が効率的に進むことを例に挙げたが、中国各地で違法な土地の強制収用、住民の人権を無視した立ち退きなどが問題となっている。抗議する住民らと警察隊の衝突も頻発し、二〇一〇年三月の全人代では「土地収用に伴う立ち退き、環境保護など大衆の利益を損なう問題の解決に取り組む」ことを政府活動報告でうたった。中央・地方の行政は、警察の捜査も含めてさまざまな分野で透明性を欠き、環境問題などで住民の権利が侵害されるケースも絶えない。北京大学国家発展研究院副主任の姚洋《ようよう》教授は米外交専門誌『フォーリン・アフェアーズ』（電子版、二〇一〇年二月二日）に寄せた「北京コンセンサスの終わり」と題した論文で「一部の都市では依然として恣意的な土地の強制収用が行われている。政府はインターネットを監視し、労働組合を弾圧している」としたうえで「中国市民はこれらの権利侵害に黙っておらず、不可避的な抗議活動が散発的に起きるだろう」と指摘した。(注3)

政治活動も厳しく制限され、ノーベル平和賞を受けた民主活動家、劉暁波氏は懲役一一年の判決を受け、服役中である。中国の著名な人権活動家、余傑《よけつ》氏は二〇一二年二月、「中国の人権状況は天安門事件以来最悪」と述べている。

④治安維持のコストと権力集中に伴う不安定性

中国は、政治、経済、文化などで共産党が影響力を持ち、国家による管理を前提とした「管理主義国家」といえる。警察・司法機関、報道機関などが共産党の指導下にあり、集会・結社の自由も現実には大きく制限されている。このため、土地収用などに絡んで不満を抱えた市民らは「群体性事件」と呼ばれる直接抗議行動に訴えるしかなく、その数は二〇〇九年時点で年間九万件を超すとされる。また、公安省、国家安全省などの治安機関のほか、思想・宣伝を管理する共産党宣伝部、地方各省が抱える保安要員など、治安維持にかかわる人数は数千万人にのぼり、年間経費は日本円で六兆円を超すとの中国の学者による推測もある。治安維持コストは膨大である。

また、自由な報道は制限されていることから、国民世論は短文投稿サイト「微博《ウェイボー》」などインターネットを通じて形成されるが、ネットの特性として極端で、民族主義的な意見が大勢を占めることもしばしば起きる。しかし、政府は、ネットを通じてしか民意を図れないのが現状だ。

中国全体で見ると、共産党はあらゆる社会団体を指導する根幹部分であり、鳥かごの上部を結ぶ金具の役目を果たしている。この部分が揺らぐと、中国社会全体に動揺が走ることになり、強力な一極支配は、不安定さの根源ともなりうる。

筆者は、二〇〇五年四月に北京で起きた大規模反日デモを目撃した。天安門事件以来といわれる街頭デモで、反日のスローガンを書いた横断幕を掲げて目抜き通りの長安街を行くデモ隊を見て、この点で強い感慨を抱いたことを思い出す。反日デモの矛先が日本から共産党に向き、その権力が揺らぐようなことが万に一つもあれば、北京からモンゴルの国境まで、中国社会は一気に流動化するのではないか、という恐怖感に似た思いに一瞬とらわれたのだ。これは、皇室などの伝統的機関、中立的な警察・検察当局、政府各省、政治と距離を置いた自衛隊、地方の個別自治体、企業など多元的な柱が支える日本社会においては想像しがたいことかもしれない。時の首相・政権が頻繁に代わっても、日本社会を支える統治システムは比較的安定しているが、これは多元的な社会なればこそである。

⑤世界への影響

中国の現行の統治システムがもたらす問題の影響は中国内にとどまらない。二〇〇七年五月、米メディアなどは、せき止めシロップに甘味料として使われるグリセリンの代わりに、中国の業者が安価な産業用「ジエチレングリコール」を使った製品をパナマに輸出、同国で多数の死者が出た、と伝えた。二〇〇八年一月に発覚した中国製ギョーザ中毒事件は日本で大きな反響を呼んだ。

中国では「安徽省阜陽《ふよう》の偽粉ミルクで幼児一二人が死亡」（二〇〇四年五月）「河北省などで髪の毛を煮しめた偽しょうゆを摘発」（同一〇月）などが起きている。だが、事件が起きても政府の消費者保護の取り組みの遅れがしばしば指摘されていた。毒ギョーザ事件の場合、地元メディアも事件をほとんど伝えないなど「炭坑のカナリア」の役目をメディアも果たさなかった。

グローバル化で中国が「世界の工場」の地位を固めた今、中国内での行政の透明性、公正な司法制度、中立的なマスコミが確保されないと、中国製品を多数購入する外国も安心して付き合えない、ということが現実となっている。中国では、日本など外国の地名やブランドを商標登録し、該当する企業が中国に進出した際に商標権を売って利益を得ようとする例も相次いでいる。この問題も法治制度の確立と関連がある。

「第三の道」への模索

中国の統治の現状と改革の必要性については、最高指導部も含めて多様な意見が表明されている。

筆者は二回にわたり日中ジャーナリスト交流会議に参加した。夕食など懇談の席上、中国側参加者からは「政治制度は成果によって評価すべきであり、制度そのものの優劣を言うことは意味がない」旨の発言をしばしば聞いた。「日本は総選挙を重ねるたびに政治状況が悪化し、政権が不安定化している」「報道の自由と日本側は言うが、その自由に基づく悲観的な報道で日本の景気はますます悪化しているのではないか」――などである。

中国側参加者の一人は「民主があれば、毛沢東時代の文化大革命の悲劇は防げたと思う」としながらも「民主があれば、鄧小平の（強い指導に基づく）改革・開放は実行できなかっただろう。そうすれば現在の中国はない。政治の現実は歴史を背負っている」と述べた。

中国政府は、経済発展という「成果」や抗日戦争の勝利という歴史的経緯によって、政権の「正統性」を主張している。第五回交流会議の席で中国側参加者は「日中平和友好条約締結以来、共産党は独裁、専制政権としてやってきたが、日本の体制よりガバナンス能力は高い」と強い自信を表明した。二〇〇九年三月の全国人民代表大会で、呉邦国常務委員長（政治局常務委員）は「多党制による政権交代や三権分立、（議会の）両院制度は絶対やらない。共産党による指導がわが国の国情に適した唯一の道だ」と強調、政治改革には消極的な姿勢を示した。「中国モデル」への強烈な自信と自負であろう。

しかし、グローバル化が進み、西側の価値観や情報が絶え間なく中国内に広がるなか、国民の間には「共産党が半永久的に政権党である根拠はあるのか」という疑問も芽生えている。共産党内にも「正統性」への不安感が根強いようだ。第五回交流会議で中国側参加者は「最大の危機は執政の正統性、合法性はどこにあるのかという問題だ。共産党はとても心配している」と述べた。

こうした危機感を背景に、政治改革推進を求める声も根強い。温家宝首相は二〇一一年九月、遼寧省大連市で開いたシンポジウムで「（共産）党が政治を代表し、権力が絶対化され、（党に）権力が過度に集中していることを変える必要がある」と主張、党と政府が一体化した現在の政治体制を改めて「党政分離」を実施し、政治改革に積極的に取り組む考えを表明した。同首相はまた、二〇〇八年九月、米テレビのインタビューで、独立した司法制度の確立が重要との認識も示している。北京大学の姚洋教授による先の『フォーリン・アフェアーズ』論文では「遠くない将来、一般国民の政治参加を認める明確な政治的変化が必要となる。共産党が社会的安定を維持しつつ、経済成長を進めたいのなら、民主の拡大しか道はない」と訴えている。(注4)

第五回交流会議の中国側参加者からも「選挙で生まれた政権は選挙で生まれない政権よりはいい。私たちもそれを目標に努力している」と改革への意欲が表明された。半面、「一三億人を統治するための民主主義とは何なのか。一概に民主主義に期待することはできない」「どんな民主主義が一三億人の中国人を救うことができるのか。本当に困っているのが現状だ」と懸念やためらいの声も聞かれた。

現時点で、全国的かつ全面的な普通選挙を実施し、インターネットの自由を含めて完全な報道の自由を認めれば、国家分裂や社会の混乱を招く、とする一部中国識者の意見は説得力があることを認めざるを得ないだろう。

そのなかで浮上するのが「第三の道」である。第三回交流会議（二〇〇八年一二月）でも中国側参加者から「改革には同感だ。ただし、望むのは日米の民主主義とは違う中国の独自色のある民主主義だ」との発言があった。

具体的には何か。中国紙幹部は筆者に対し「いきなりの全面的民主化は中国では困難だ。自民党の派閥が切磋琢磨《せっさたくま》して首相候補を選んできたように、共産党も党内の派閥を容認し、党内での競争と民主化を先に実現すべきだ」と述べた。第五回交流会議の席上、中国側参加者は「中国の国情に合うような民主主義モデルをいかに構築するかという問題は大いに議論されるべきだ」と指摘。「選挙でも特区を含めて実験することもできる」と主張した。

中国国内では二〇一二年三月、地元政府の腐敗に抗議する住民が警官隊と衝突した広東省の烏坎《うかん》村で、抗議運動を率いた指導者が、住民選挙で自治組織「村民委員会」の主任（村長）に当選した。同村では以前のトップが長期間にわたって地元の利権を独占、選挙も実施されなかった。

大規模な暴動を受けて、広東省当局が譲歩し、運動の指導者が選ばれたという異例のケースだ。背景には、政治改革に積極的な広東省トップ、汪洋共産党委員会書記の意向があったとされる。共産党指導部が、民意をより反映させる形で地方レベルの政治改革を加速させていく契機になるのか、注目される。

中国共産党は、日本の自民党、シンガポールの政党や米国の政党に研究者を派遣、政党改革のあり方を模索してきた。最近では、二〇一二年三月、香港行政長官の間接選挙で、二人の親中派候補が競り合ったが、背景に中国政府の意向があったとされ、将来的に中国のモデルとして導入されるとの見方も出ている。

司法の独立に向けては、中国の最高意思決定機関である共産党政治局常務委員会のメンバーに、最高裁長官を加えるような形式で、共産党主導の「法治」を実現しようとするのかもしれない。

「第三の道」がどのような形になるにせよ、中国共産党は、自らが権力と道徳の唯一の源であるとの姿勢を変え、権力の分散を認めることが本格的な改革の前提となる。それは、中国政治の根本的な変化であり、大きな困難を伴い、長い時間がかかるのは必至だ。第三の道に向けた改革の歩みは「漸進的」であることだけは間違いないだろう。


【注】
（1）『中国化する日本』三二頁（文藝春秋、二〇一一年）
（2）The Wall Street Journal（Asian edition）, March28, 2012
（3）Page2, *The end of Beijing Consensus*, February 2, 2010, Foreign Affairs
（4）Page4, *The end of Beijing Consensus*, February 2, 2010, Foreign Affairs

第4章　日中共生の道

1　尖閣問題をめぐる攻防

倉重奈苗

繰り返される日中対立の構図

尖閣諸島をめぐって日中両政府の対立が際立った最近の事例は、尖閣諸島沖で起きた中国漁船衝突事件だろう。二〇一〇年九月七日、尖閣諸島・久場島付近の東シナ海で、中国のトロール漁船が石垣海上保安部（沖縄県石垣市）の巡視船に衝突した。日本の領海内で違法操業していた疑いがあり、巡視船が警告したところ、体当たりして逃走を図ったのだった。

当時は民主党代表選のさなかで、菅直人首相は小沢一郎元代表を相手に党内を二分する激しい選挙戦をくり広げていた。その首相に代わり、首相官邸では仙谷由人官房長官がこの漁船衝突事件の対応にあたった。官邸では急遽、対策会議が開かれた。海上保安庁を所管する前原誠司国土交通相は「中国には毅然とした態度を貫いたほうがいい」と主張し、仙谷氏もこの進言を受け入れた。中国漁船の船長は翌八日未明、公務執行妨害の容疑で逮捕された。

だが、この事件は単なる洋上の刑事事件では終わらなかった。尖閣諸島を「自国の領土」と主張する中国

中国漁船衝突事件などが発生し、日中の緊張が高まっている尖閣諸島。手前から南小島、北小島、魚釣島（提供：共同）

政府が強く反発し、船長の即時無条件釈放を要求。日本政府は要求を拒み、船長を逮捕したまま司法手続きを進めていくと、今度は中国側が事実上の「対抗措置」に踏み切り、日本を対象にしたレアアース（希土類）の禁輸措置をしたほか、日本企業の社員を軍事管理区域に入ったスパイ容疑で身柄拘束するなど、対応をエスカレートさせた。

日本のメディアは連日、対抗措置に踏み出した中国側の動きを報道する一方で、中国メディアも、逮捕された船長を「英雄視」するなど双方の報道は過熱した。日中関係の悪化は政治レベルにとどまらず、国民レベルにまで広がった。

幕切れも、後味の悪さを残したものとなった。同月二四日、那覇地検は中国人船長を処分保留のまま釈放すると発表。船長は翌二五日未明、中国政府が用意したチャーター機で石垣空港から帰国した。那覇地検の鈴木亨・次席検事は記者会見で、「国民への影響と今後の日中関係を考慮すると、これ以上、身柄の拘束を継続して捜査を続けることは相当でないと判断した」と述べた。検察当局が容疑者の身柄の取り扱いに関連して、外交への配慮を明言するのは極めて異例で、首相官邸などによる「政治介入」が指摘された。釈放の判断について那覇地検は「必要な捜査がほぼ終結する見込みになったため」と語り、最高検も「官邸などの影響を受けた判断ではなく、検察独自の判断だ」と強調した。仙谷官房長官も会見で「検察から釈放するとの報告を受け、了とした」と繰り返し、政治介入を否定した。

だが、釈放後もしばらくは中国側によるレアアースの輸出規制が続き、日本に対して謝罪と賠償を要求するなど、すぐには事態の沈静化につながらなかった。このため、菅政権は各界から「外交力劣化」と「中国の圧力に屈した」との批判にさらされ、内閣支持率の急落につながった。朝日新聞の世論調査（一〇月五、六日）でも、中国人船長を処分保留で釈放した一連の対応を「評価しない」との意見が七五％を占め、船長釈放前の調査（九月一八、一九日）と比べて内閣支持率は一四ポイントも落ち込んだ。

日本政府は、日中間に領土問題は存在せず、日本固有の領土・領海における法令執行の問題であるとの立場だ。二〇一一年八月、仙谷氏の後任の枝野幸男官房長官は国会で、尖閣諸島について「わが国が有効に支配している。他国が侵略してきたら、あらゆる犠牲を払ってでも自衛権を行使し、これを排除する」と明言した。明らかに中国を意識した発言だった。ちなみに、米国のヒラリー・クリントン国務長官は事件発生の翌月、尖閣諸島について「日米安保条約の適用範囲」との趣旨を明言した。

ほかの解決方法はなかったのか

釈放劇が過ぎた後、私が取材した元外務省高官は「最大の失敗は中途半端なやり方に終わったこと」と指摘した。元高官によると、尖閣諸島の領海で生じる明らかな法令違反の事件については、対処方法は二つしかないという。

①事件を起こした容疑者（船長ら）を逮捕するが、何らかの理由を使ってできるだけ早く釈放する。

②事件を起こした容疑者（船長ら）を逮捕し、起訴・裁判まで粛々と法的手続きを進める。

ただ、②は通常の外交ルートとは別に、日中両政府の高いレベルで水面下の意思疎通が図られていることが必要になるという。当時、民主党政権には中国政府との間で瞬時に情報を共有するような政治的なパイプがほとんどなく、双方の発言や行動をお互いに読み誤ったことが関係悪化の要因になった、と多くの専門家が指摘した。

漁船衝突事件が一段落したころ、こんなエピソードを耳にした。事件直後、ある自民党議員は中国人の知人から、「なぜ、二〇〇四年のときと同じ対応ができないのか」と尋ねられたという。

二〇〇四年三月二四日、尖閣諸島に中国人活動家七人が上陸し、沖縄県警が出入国管理法違反容疑で逮捕した。上陸した中国人が逮捕されたのは初めてだった。中国政府は即時無条件釈放を求め、日本側は二六日に容疑者を釈放し、強制退去処分にした。本来なら、内外から「主権侵害」が指摘され、外交問題にも発展しかねない事件だった。だが、日中両政府は両国の「関係悪化の回避」を最優先に、双方の世論が沸騰する前に火消しに走った。

当時の日本政府高官は中国・胡錦濤国家主席の側近から電話を受け、「釣魚島（尖閣諸島の中国名）は中国固有の領土だ。無条件に早く釈放を求める」と文章を読み上げるような通告を受けた後、「個人的なお願い」として、日本の右翼を刺激しないように求められたという。表向きの主張は変えないながらも、お互いに早期解決を優先させることを訴えた中国側からのシグナルだった。

二〇一〇年と二〇〇四年では、違反した法令も異なり、単純な比較はできないかもしれない。出入国管理法違反なら、同法の手続きに従って強制退去させることは可能である。だが、巡視船に体当たりするような危険な行為で、公務執行妨害容疑で逮捕されたケースについては法律上、強制退去だけで済ませることはできない。中国に詳しい外交官によれば、中国は「ここまでしたら日本はどう対応するか」と、日本側の反応の度合いを常に調べているという。過去に積み重ねた対応から大きく外れると、中国側も戸惑い、過剰に反応しかねない。

日本政府は、国内法に則して「粛々と解決する」と訴えつづけたが、その主張の意味するところを水面下で中国政府に詳しく説明したようには見えなかった。ただ、民主党政権と中国政府の間に「水面下のパイプ」があれば、それだけで②のやり方が通用したかというと、疑問も残る。というのも、今の日中関係は政治、経済、社会と、さまざまなレベルで関係が増しており、両国間の問題を処理するには両政府間の情報共有だけでなく、両国民の間の情報共有も重要だからである。また、中国の力の増大とともに中国政府の尖閣諸島に関する政策が変化したように見えることも、②のやり方による解決を難しくしている。

ビデオ映像流出事件が問うもの

中国漁船衝突事件では、石垣海上保安部の巡視船が中国漁船の進路を阻んだのか、中国漁船が故意に体当たりしてきたのかが、焦点の一つとなった。当時の菅政権は日中関係に配慮して、海保が洋上で撮影していたビデオ映像の一般公開を拒み続けた。だが、映像を公開しない政権の姿勢に野党各党が批判を強め、二〇一〇年一一月一日、衆参両院の予算委員会理事ら三〇人にビデオ映像が公開された。公開されたのは、六分五〇秒に短縮して編集された衝突前後の場面だけだったが、ほぼ全議員が「中国漁船が故意にぶつかってきたのは明らかだった」と語った。

私はこのころ、朝日新聞のコラム「政策ウオッチ」に、このビデオ映像は一般に公開すべきだ、と書いた（二〇一〇年一一月三日付朝刊）。民主党は政権交代の際、国民に対する情報公開の重要性を強調していたのに、どうしたのかと不思議に思ったからだ。たまたま来日していた友人の中国人ジャーナリストから、「中国人も真実を知りたい」と言われたのがきっかけだった。このジャーナリストは、船体の小さな漁船が大きな巡視船にぶつかっていったとは信じられないと言うのである。

漁船船長の逮捕が伝えられ、中国の世論は日本への批判を強めた。批判のなかには、衝突の事情がどうであれ、日本を批判するというものもあったかもしれない。しかし、中国メディアの多くが、中国政府に事実関係の解明を求めるよりも巡視船側に衝突の原因があるかのごとく伝えたことが、中国の世論に火をつけたのは間違いないだろう。中国国民は間違った情報で怒り、その怒りがまた日本国民を刺激する、という悪循環に陥ってしまったように私には思えた。

コラムが紙面に載った翌日、意外な形でビデオが「一般公開」されることになった。一一月上旬、漁船衝突事件の一部始終を映したビデオ映像が動画サイト「ユーチューブ」に投稿され、ネット上で一気に広まったのだ。まもなく、神戸海上保安部の保安官が船上の共有パソコンから映像を持ち出し、ネットに流出させたと名乗り出た。保安官は国家公務員法の守秘義務違反容疑で逮捕、書類送検されたが、翌二〇一一年一月、起訴猶予処分になった。

刑事事件の証拠物をネットに流出させた規律のゆるみが問題となったほか、こうした状況を招いた政権の危機管理のあり方も問われた。だが、保安官は拘留中、弁護士を通じて「なぜビデオが国民に対して秘密とされ、公開が許されないのかが明らかにならないまま終わってしまうことを残念に思う」と訴えたほか、「何度もためらい、悩んだ末に、安定した職を捨てて公開したのは、事件の真相を知っていただき、日本の領海を脅かす外国船の問題など、どうすべきか考えてほしかったことが唯一の理由」などと動機を明かした。

彼の行動が、「短期的な」日中関係改善のために真実を隠すことを優先した政府の方針に真っ向から異を唱えたのは明らかだった。「日中双方の国民がこれだけ関心を寄せる事柄なのだから、洋上で何が起こったのか、その一部始終を明らかにして双方の国民に考えてもらいたい」。事の是非はともかく、彼の発するメッセージは鮮明だ。ただ、ビデオが公開されれば、日中両国民のわだかまりが瞬くうちに解消されたかというと、必ずしも肯定できない面もあった。当時、中国のネット上では「日本側の捏造ビデオ」「都合よく編集された」といった書き込みも見られた。両国の国民感情を解きほぐすには、まだ時間がかかりそうだ。

尖閣「棚上げ」とその限界

二〇一一年九月、北京で開かれた第六回日中ジャーナリスト交流会議でも、中国漁船衝突事件が取り上げられたが、中国側はむしろ、尖閣諸島の「領有権問題」を提起した。ある中国人ジャーナリストは「外交交渉は、妥協をくり返すことで達成されるべき芸術だ。日中ともに積極的に妥協と向き合うことで、芸術的な交渉をしていくべきだし、この論理が領土問題の外交交渉でも応用されるべきだ」と訴えた。その主張は「妥協をしない日本が悪い」と言いたげでもあった。

日本は一八九五年（明治二八年）の閣議決定で尖閣諸島を領土として編入しており、尖閣諸島は歴史的にも国際法的にも「わが領土」と主張している。日中間には、妥協するとかしないとかいった「領土問題」は存在しない、という立場だ。

「尖閣諸島」は、沖縄本島から西に約四〇〇キロメートル、石垣島から北に約一七〇キロメートルに存在する五つの小さな島と三つの岩礁の総称である。総面積は約六・三平方キロメートル。一時期、日本人が定住したことを除いて歴史的に無人の小諸島だ。この小諸島が注目を集めるきっかけになったのは、一九六八年に国際連合アジア極東経済委員会（ＥＣＡＦＥ）が東シナ海一帯の海底調査を行ったことだ。一九六九年にその結果が公表されてから領有権をめぐる「紛争」が生じ始めた。調査により、東シナ海にはイラクの埋蔵量にも匹敵する大量の石油資源が眠っている可能性が明らかになり、一九七一年に台湾と中国が相次いで領有権を主張し始めたのだ。

中国は、一八九五年以前から中国の領土であったと言い出し、昔から中国領なのだから、この年に日本政府が尖閣諸島を無主の地として「先占」し、領土にしたという主張はでたらめだ、と批判する。だが尖閣諸島は昔から中国領だった、という中国の主張は根拠が乏しい。これまで知られている明代や清代の古文書のなかには、尖閣諸島が航海の指標として使われていたことを示すものはあっても、領有の意思や実態を明確に示す文書はない。

また、中国は一八九五年以後、七五年間もの間、尖閣諸島が日本の実効支配や米国の施政権下に置かれていたことに対して、いかなる抗議もしなかった。実際のところ、一九七〇年以前に中国で使われていた地図や公文書では、尖閣諸島は日本領と記されているという。尖閣諸島の領有について、日本が長期間、他国から抗議を受けなかったことは、「先占」と並んで日本の領有権主張の有力な根拠になっている（国際法の議論は芹田健太郎『日本の領土』中公文庫、二〇一〇年）。

かつての中国政府は、今のような「高圧的」な態度は取っていなかった。二〇一一年一二月の外交文書公開でも明らかになったが、一九七二年の日中国交回復交渉の際、田中角栄首相が周恩来首相に尖閣諸島について尋ねると、周首相は「今、これを話すのはよくない。石油が出るからこれが問題になった」と述べるにとどめていた。

その後、一九七八年に日中平和友好条約の批准書交換のために来日した当時の最高実力者、鄧小平副首相は尖閣諸島の領有権問題について「次の世代は、きっとわれわれよりは賢くなる」と語り、「棚上げ」することを提案した。日本政府はその考えを踏まえ、以後は中国を刺激しない姿勢でいた。現に実効支配している以上、そうしたことをする必要がない、ということも理由だが、ともかく中国を刺激しないでおくことが日中関係の大局から見て正しいと判断したのだろう。

鄧小平の時代はそれで済んだのかもしれない。ただ、最近の中国の姿勢、とくに漁船衝突事件における対応を見ると、中国側が尖閣諸島の領有権問題を「棚上げ」する気持ちでいるかどうかには、疑問を呈さざるを得ない面がある。中国は一九九二年にはすでに、「領海法」を制定し、尖閣を中国の領土と明確に規定した。また、周辺海域に漁業監視船が出没するケースが増え、二〇一一年一月一七日付の中国共産党機関紙『人民日報』は、尖閣諸島を中国の「核心的利益」と位置づけている。

中国は二〇〇九年秋のリーマンショックを未曾有の財政出動で乗り越え、翌二〇一〇年に「世界第二位の経済大国」となった。さらに、約一三億人という世界最多の人口も抱えている。今後のエネルギー・食糧事情を考えれば、石油資源が眠る東シナ海は死活的な利益に違いない。

こうした中国の姿勢の変化を踏まえ、日本も反論すべきは反論するという構えが必要だろう。「領土問題は存在しない」と主張するだけでは国際社会の理解も得られまい。現に、米ニューヨーク・タイムズ紙の元東京特派員で著名なコラムニスト、ニコラス・クリストフ氏が「一八世紀の地図では尖閣諸島は中国領だった」などと中国の主張に分があるかのように書き、日本外務省はあわてて日本の立場を説明する手紙を書き送っている。こうした場当たり的な対応を繰り返すべきではない。

客観的な事実の追求を

「中国が脅威であるかどうかは周辺国が判断すること。中国のジャーナリストがどう思っているのか聞いてみたい」。ジャーナリスト会議で、私はこう問いかけた。中国人ジャーナリストたちは、一様に押し黙った。

中国の発展は周辺の脅威にはならない——。これは中国政府がくり返す主張だ。ただ、尖閣諸島をめぐる中国政府の「高圧的」（防衛白書）な対応は、本当にそうだろうかと首をかしげてしまいたくなる。相手がどう受け止めて、自らをどのように見ているのか。そのことを機敏に察する感受性なしに、正しい「外交的感覚」は生まれない。

吉田茂元首相は著書『回想十年』のなかで、満州事変の直後に欧米の在外公館視察の旅をした際、米国のウィルソン大統領の外交顧問をしていたエドワード・ハウス大佐から、「ディプロマチック・センスのない国民は、必ず凋落する」と言われたエピソードを紹介している。吉田氏は著書のなかで、第一次世界大戦前のドイツと第二次世界大戦前の日本をそれぞれ引き合いに出し、「外交的感覚の欠如」が、国際政治の大局を見誤り、新興国の悲劇につながったと読み解いた。

尖閣諸島の領有権について中国政府は、石油資源や漁業資源だけでなく、東シナ海の制海権という観点から利益を見出していると見る軍事専門家もいる（防衛システム研究所編『尖閣諸島が危ない』内外出版、二〇一〇年）。ただ、「核心的利益」と位置づけて執拗にこだわれば、日本側の警戒感は強まるばかりだ。日米同盟も対中国で強化されかねない。

漁船衝突事件の際に見せた中国政府の「高圧的」な姿勢は、急拡大する経済力と軍事力を背景に、身の丈に合った政策や姿勢を打ち出そうとスタンスを変え始めたことがあるのかもしれない。鄧小平はかつて、国の基本方針として「韜光養晦《とうこうようかい》（中国は国力のないうちは、国際社会で目立った行動をせずに、じっくり力を蓄えていく）」を基軸に位置づけたが、もはやこうした「控えめな」姿勢は、現在の中国政権にとって考慮に値しないものとなっているのかもしれない。

吉田茂元首相が指摘したような「外交的感覚の欠如」とまでは言えないかもしれない。ただ、漁船衝突事件で見せた中国側の反応に、それまで中国に対して寛容だった欧州諸国や、中国の反応に常に敏感な東南アジア諸国連合（ＡＳＥＡＮ）各国は、中国に対する警戒感を高めたことは間違いない。

こうした中国と、われわれはどのように向き合えばいいのだろうか。ジャーナリスト会議を通じて、一人の記者としてできることは何なのか。私はそればかり考えていた。中国人ジャーナリストの一人が、興味深い指摘をした。「尖閣問題には、歴史的にも、現実的にも、三つのアクターがいる。政治家と軍人、マスコミだ。政治家が自信と権力を持っているときは、問題の解決は知恵に富んだものになるし、そうでなければ、より近視眼的で功利的な方法になる。政治家が弱い今、マスコミの果たすべき役割は大きい」

彼が訴えたかったのは、政府の情報発信だけに頼らず、ジャーナリストとして事実を掘り起こす重要性だったのだろう。別の中国人ジャーナリストは、「国民皆記者」という言葉を紹介しながら、中国でのネットのブログの広まりに代表されるように、多くの国民が記者のような存在になって情報発信することが流行しており、「時代は変化している」と指摘した。彼はまた、本来のジャーナリストよりも聡明な報道をする人もいる、と付け加えていた。

外務省の元高官が言うように、日中両政府間には「水面下のパイプ」が必要だ。古今東西、裏チャンネルは外交ツールとして重要な役割を担ってきた。だが、中国政府と付き合う際には「水面下のパイプ」だけでなく、表のチャンネルで互いの国民に事実を率直に伝え、政府がその事実について誠実に説明することが大切なのではないだろうか。事実をストレートに伝えれば、相手の政府や国民が怒るかもしれない、刺激するかもしれないから伝えない。だから、本音は裏チャンネルで、という態度では、「国民皆記者」の時代にかえって双方の国民の疑心と反発を生みかねない。

もちろん、ことさら相手を刺激したり、自国の世論を煽ったりしてはならない。だが、複雑な歴史的経緯や感情を抱える日中関係だからこそ、互いが正面から向き合い、包み隠さず国民に客観的な事実を正確に伝えることが必要だ。それが、たとえ自国や相手にとって都合の悪いことでも、客観的な事実は何かということを明らかにするべきだろう。その思いは中国人ジャーナリストも同じなのだと、会議を通じて知ることができた。

2　米中日三国関係における日中

秋田浩之

日米同盟、厳しくなる中国の視線

誰にでも経験があると思う。みんなで何かをやろうとするとき、三人という人数は実に協力しづらい。そのうち二人が親友だったりすると、雰囲気はさらにぎくしゃくしてしまう。「あの二人組は自分を外そうとしているのではないか」「すでに自分抜きで、いろいろと物事が決まっているのでは」

残された一人が、親友の二人組にこんな不安や疑いを募らせるからである。

これは何も人間に限ったことではない。国と国の関係にも当てはまることだ。日本と中国、米国の関係はまさに、この微妙な三角関係の代表例といえるだろう。日米は半世紀以上にわたって同盟を結んでいる。人間にたとえれば、かなり長い付き合いの親友といえる。これに対し、米中と日中はいずれも、親友とは言いがたい、微妙な間柄にある。

だから、日中関係の行方を考えようと思ったら、そこに米国も加え、米中日で見ないとわからない。日中ジャーナリスト会議で米中日関係について取り上げたのも、そんな理由からだった。実際、米中日の視点からながめると、日中関係にとどまらず、日本の進路のあり方などについても、実に興味深いヒントが浮かび上がった。

日米はいったい、どの国を標的にしているのか――。日米同盟をめぐる議論では、まず、中国側からこんな問いが相次いだ。

「日米同盟は台湾海峡の安全保障に絡もうとしているのではないか。中国人はこう思い、警戒している」

「日米安保体制には北朝鮮に対処する狙いもあるかもしれないが、主な狙いは中国だろう。これは台湾にとっても微妙な問題だ。私たちは快く思っていない」

こうした発言が飛び出すのも、中国が日米同盟への警戒感を強めているからにほかならない。とりわけ、彼らが敏感にならざるを得ないのは、台湾問題である。中国側の一人はこう強調した。

「私たちが日米同盟に関心を持つのは、あくまでも核心的な利益である台湾問題に絡んでくるからだ。そうでなければ関心はない」

中国が日米同盟への警戒感を抱くようになったのは、今に始まったことではない。大きな転換点になったのが、一九九〇年代初めのソ連の崩壊である。それまでは米ソ冷戦の時代が続いていた。中国は一九六〇年代末に軍事衝突して以来、ソ連を最大の宿敵とみなしていた。その裏返しで、ソ連の封じ込めを旗印とする日米同盟に対し、中国はおおむね寛容な態度を取っていた。「敵の敵は味方」だからである。

もう一つ、中国がかつて、今ほどには日米同盟に目くじらを立てなかった理由がある。「日本に米軍が駐留していれば、日本の、軍事大国化を抑えることができる」（中国外交筋）との読みだ。

「日米同盟は日本の暴走を抑えている。だから、（日米同盟は）今のままでよいのではないか」

実際に今回の対話でも、中国側からこうした日米同盟有用論が聞かれた。では、プラスとマイナスを差し引きすれば、中国は今でも日米同盟が自分たちの国益になると思っているのか、それともマイナスだと考えているのか。結論からいえば、やはり、後者の意見が多い気がする。そうした見方はさらに勢いを増していくと見られる。ソ連のように、中国と日米を結びつける共通の敵はいないからである。中国からすれば、日米同盟は目の上のたんこぶに映るのだろう。

このことは、日中関係の不協和音を増幅させるだろう。日本は米国と一緒になって、中国を抑え込もうとしている。中国は日本についてこう思うに違いないからである。そんな感情が凝縮された発言を対話でも耳にした。

「日本は民族問題や領土問題がほとんどないし、侵略されたこともない。それなのに、日本人は（中国軍への）危機感を煽っているのではないか。日本の政治家やメディアはかなり、不必要な恐怖心を煽っている気がする」

たとえば、ある中国側の参加者はこう日本への不安を口にした。さすがに、これはおおいなる誤解だと言わざるを得ない。日本がありもしない安全保障上の危険を言いはやし、中国への対抗心をたきつけているとの批判は当たらない。そもそも日本が米国との同盟強化に動くのは、中国側の行動にも一因があるからだ。中国軍の艦船や監視船は、東シナ海や南シナ海で行動を活発にしている。尖閣諸島付近で起きた中国漁船による衝突事件も、日本人が「海の守り」に不安を募らせるきっかけになった。

ただ、中国側の指摘とは別に、将来、日本にナショナリズムが広がる危険が全くないかといえば、完全には否定しきれないだろう。政治への不信がこのまま強まり、経済の停滞がさらに長びけば、日本社会にやり場のない不満が鬱積しかねない。それが危ういナショナリズムの温床になる可能性はある。一九二九年の世界大恐慌後、日本がたどった道がそんな教訓を暗示している。日本側の一人からも、似たような声が聞かれた。

2011年11月、米ハワイでオバマ大統領（右）と会談し、握手する胡錦濤国家主席（提供：新華社＝共同）

「日本は危険な状況に追いやられていると感じる。日本は国民を豊かにすることを目標にやってきたが、これ以上、豊かにはならなくなった。日本は次の目標を見失いつつある。そうしたなか、民族主義が高まり、昭和の戦前に似たような空気が漂い始めている。日本は米国とも中国とも仲良くしないといけないが、そういう主張がうけない風潮がある」

個人的には、今の日本がそこまで危ない道に入り込んでいるとは思わない。が、長い目で見れば、日本と中国の双方で同時にナショナリズムが高まり、関係が緊張するシナリオはあり得るとも思う。

中国はこれから少子高齢化がかなりの速度で進み、成長も鈍らざるを得ない。すでに失業が増え、労働デモが頻発している。しかも中国人は選挙によって政府への不満を表明することができない。「そのとき、中国も目標を失い、ナショナリズムに走る危険性があるのではないか」（日本側の参加者）。お互いの内政や経済の行方も、日中関係を左右する変数になるのだ。

米国のオバマ政権は台頭するにつれて自己主張を強める中国をにらみ、アジア太平洋への軍事的な関与を強め始めた。そのために日本や韓国、オーストラリアといった同盟国だけでなく、フィリピンやベトナムなど、中国を取り巻く東南アジアの国々とも連携を深めている。こうした動きが加速するにつれて、中国の対米観が険しさを増すのは避けられそうにない。そうなれば、米中日関係はさらにきしみかねない。

米中のはざま、日本はどう動く

米国にどう向き合っていくのか。私たち日本人にとっても、真剣に考えなければならない問題だ。その答えは日中関係の進路にもかかわってくる。

日本が戦争に敗れ、戦火の傷跡が生々しかった一九五一年、吉田茂首相（当時）はサンフランシスコ市内で、米国との安全保障条約に署名した。それから約六〇年がたつ。人間でいえば、日米同盟は「還暦」を迎えている。吉田首相が同条約の締結を決断し、米軍の駐留を受け入れたのは、ソ連をはじめとする安全保障上の脅威から日本を守るためだった。そのソ連も約二〇年前に姿を消した。

資源も国土も限られ、人口が頭打ちになるなか、日本が生き残っていくにはこれからも米国との同盟が必要だ。日本の周りにはなお、紛争を招きかねない多くの火種がくすぶっている。不安の種は中国軍の増強に限ったことではない。核開発を続ける北朝鮮、大国の復活を目指し、極東軍の立て直しを急ぐロシア。テロの危険からも、日本は無縁ではいられない。ただ、米ソ冷戦のときほど、事は単純ではない。経済的なつながりが薄かったソ連とは違い、中国は経済的には日米や国際社会にとって欠かせない協力相手だからである。ソ連に対して試みたように、中国を封じ込めることはできないし、正しいやり方とも思えない。

では、日本は米中日の関係をどう舵取りすればよいのだろうか。

「（かつて靖国神社の参拝問題で冷え込んだ）日中関係は、少しずつよくなってきた。一方、過渡期にあるのは日米関係だ。ソ連が消えた後もこれほどの米軍が日本に駐留し、守ってもらう必要があるのか。日本国内にはこう思っている人たちがいる。逆に、なお在日米軍が必要だと考える人たちもいる」

日本側の一人がこう口火を切ると、日米同盟のあり方について中国側だけでなく、日本側からもさまざまな意見が出た。当時は二〇〇九年秋の政権交代の直後で、鳩山由紀夫首相（当時）が米軍普天間基地問題で迷走し、日米関係を大きく揺るがしていた。まず目立ったのは、そんな鳩山政権への疑問である。

「二〇〇九年の政権交代をきっかけに、『日米安全保障体制は必要なのか』という議論が起きている。たとえば、沖縄に米軍の海兵隊が駐留する必要があるのか、と。中国が攻めてくると思っている日本人はいないだろう。しかし、中国の経済力や軍事力が高まるなか、日米同盟は紛争を防ぐ抑止力としてなお大切だ」

ある日本側の参加者は、こうも疑問を呈した。

「鳩山首相の本心としては、日米中の関係は『二等辺三角形』ではなくて、『正三角形』にしたいと思っている。日本は米国に隷属してきたと思っているからだろう。米軍普天間基地問題にもこんな発想で対応しているから、日米関係がぎくしゃくしてしまう」

野党時代からの鳩山氏の持論は、「常時駐留なき日米安保」である。米軍が日本から出て行っても、日本の防衛は成り立つという発想だ。鳩山氏は首相の在任中、この持論をなお信じているのかと聞かれ、「封印している」と答えた。公式には唱えないが、個人としては、在日米軍はいらないと思っているというわけだ。このような考え方の持ち主が普天間基地の移設問題を手掛ければ、うまくいくはずがない。

興味深かったのは中国側の反応だ。鳩山政権によって日米同盟が深く傷ついたという日本側の説明に今一つ、納得がいかない様子なのだ。

「なんだかんだ言っても、日米同盟は安定している」

たとえば、中国側からはこんな反論が出た。日米に多少のすきま風が吹いたとしても、米軍が撤収するところまで険悪になるはずがない。いずれ日米同盟がなくなってほしいと思っている中国から見れば、こんな冷めた見方が成り立つのだろう。当事者である日本としては、そこまで悠長に構えてはいられない。そもそも、日本は米国のほかの同盟国とは異なり、集団的自衛権を行使できない。日本周辺でいざという事態になったとき、それが深刻な亀裂を生む危険がある。日本側はそうした現実も踏まえ、中国にこう説明した。

「日米同盟は安定しているというが、違うと思う。安定していない。米国は日本を守る義務があるが、日本には米国を守る義務はない。台湾海峡で中台が戦ったり、北朝鮮と韓国が戦争になったりすれば、米国は台湾や韓国の味方になるはずだ。そのとき、日本はどうするのか。集団的自衛権を行使できないという問題が起きる」

トヨタ問題は米国の陰謀？

第二世界大戦後、米国は超大国として君臨し、世界の秩序を仕切ってきた。それだけに、「ナンバーワン」の座を脅かすようなライバル国の台頭を、米国は快く思わない傾向がある。かつて、その警戒の対象は日本だった。

日本が経済大国としてのし上がり、米国を追い抜くのではないかとさえ言われた一九八〇年代。米国の象徴であるロックフェラーセンターやハリウッドの有力企業を日本企業が買いあさると、米国では激しい「日本たたき」が起きた。その後、バブル経済がはじけ、不況の坂道を転がり落ちた日本人にとっては、懐かしい歴史のひとこまに過ぎない。だが、中国にとってはひとごとではない。国内総生産（ＧＤＰ）で日本を抜き、米国との差も縮めようとしているからだ。

かつて日本をたたいたように、今度は「中国たたき」を本格化するのではないか。はからずもそんな中国人の不安を浮き彫りにしたのが、トヨタ自動車による米国市場でのリコール（回収・無償修理）をめぐるやり取りだった。二〇〇九年から二〇一〇年にかけて、トヨタ自動車の急加速などによる事故が米国で相次ぎ、大規模なリコールを強いられることになった。やがて米議会でもトヨタの責任を追及する声が広がり、まるで一九八〇年代の「日本たたき」をほうふつとさせる現象が起きた。同社の豊田章男社長は急遽、二〇一〇年二月に訪米し、米議会の公聴会に呼び出されるなど、激しい批判の矢面に立たされた。米現地法人の社員との集会では、思わず涙ぐむ場面もあった。こうした事態について、中国側の参加者からさまざまな質問が投げかけられた。

「トヨタ問題について、米国メディアでは米政府による陰謀説もささやかれていた。日本メディアはその辺をどう認識していたのか」

「米国のやり方は行き過ぎだったとの見方がある。日本メディアはトヨタ問題をどう観察していたのか」

米政府や米議会は経済危機で苦境に立たされる米自動車業界を応援するため、トヨタ問題をわざと煽っているのではないか。中国側の質問の端々からは、そんな疑念がにじみ出ていた。

では、日本側はどう答えたのか。当初は陰謀説を疑ったものの、結局は純粋な通商問題だったのではないか。ひとくくりにすれば、おおむねこのような説明が多かった。たとえば、次のような具合だ。

「日本たたきにつながる世論が、米国内でつくられていったのではないか。当初はそんな問題意識を持ち、取材してみた。ところが、そうではないようだった」

「当初はジャパンバッシングだと思ったが、違った。実際にトヨタの売り上げは一時的には落ちたが、その後、回復している。やっぱり、いい車は買ってもらえるんだと確信した」

「トヨタ問題はジャパンバッシングなのではというふうに思ったことは確かだ。しかし、アメリカ全体が日本をたたくという状況は見られず、トヨタ車のトラブルに批判は集中していた」

こうした説明に、中国側もひとまずうなずいてみせた。ただ、それでも彼らの一部は、米国の国家戦略への疑念をぬぐいきれないようだった。自国の圧倒的な優位を脅かしかねない企業や国家を、米国はたたき落とそうとする――。極言すれば、それはこのような警戒心ともいえるだろう。それを象徴するのが、中国側の次の発言だった。

「日本は経済大国になるにつれて円高が加速し、（輸出が鈍化して）日本経済が落ち込んでいった。日本は米国にやられたんだ」

米国は今、巨額な対米貿易黒字を抱える中国に、人民元の対ドル為替レートを切り上げるよう執拗に迫っている。中国にしてみれば、一九八〇年代に米国から激しいジャパンバッシングを受けた日本と、今の中国が二重写しに見えるに違いない。中国のこうした警戒心は今後、日米との関係を揺さぶる火種になるだろう。

米国モデルと中国民主化

アジア太平洋の秩序をめぐり、互いに牽制しあう米国と中国。一〇年、二〇年の単位で見たとき、米中関係はどんな姿に変わっていくのだろうか。それは日本の立ち位置にも大きくかかわる問題である。

対話からそんな命題へのヒントも得られた。その一つが、中国の対米観の質的な変化である。米経済を徹底的に痛めつけたリーマンショックを目の当たりにして、中国は「米国覇権の終わりが近い」との感を強めているようなのだ。その裏返しなのだろう。中国側の参加者からは、中国型の発展モデルへの自負も感じられた。たとえば、次のような発言がそうだ。

「（リーマンショックなどで）米国の成熟した制度も完璧ではなかったと実感した。人類が幸福になろうとしたとき、米国式の資本主義だけが唯一の制度ではない。中国が歩んできた道が国民を豊かにしたことは、疑いようのない事実だ」

「これまで尊敬してきた米国式の資本主義もそこまでだったか、と思った。中国の経済が高度に発展したのには、それなりの合理性がある。中国は米国の前で卑屈になる必要はない」

「金融危機の後も、米国メディアはあまり反省していないようだ」

鄧小平氏の号令によって改革・開放の道を歩み始めた一九八〇年代。中国はまず、日本の発展モデルを学ぼうとした。やがて米欧との関係が改善すると、米欧型の制度や法律も多く取り入れるようになった。そうしてGDPで日本を抜き、米国を猛追するまでになったとき、米欧を直撃したのが未曽有の金融危機だった。

米欧型より、自分たちのモデルのほうが優れているのではないか。米欧の経済がぼろぼろになるなか、中国はこんな意を強くしたと見られる。こうした中国側のプライドが高じれば、米中の協調はさらに難しくなるだろう。日本でも一九八〇年代に「米国恐れるに足らず」といった風潮が広がり、日米摩擦に油を注いだ。同じことが米中で起こらない保証はない。もっとも、中国内にも自信過剰を戒める声がないわけではない。ある中国側の参加者はこう訴えた。

「米国を批判し、中国を賛美するような報道は、中国メディアにも見られなかった。中国人はそこまで愚かではない。おごりは中国の国益にならない。それに、米国の衰退論にはどこにも根拠がない。米国はこれまで危機を乗り越え、結局、危機の前よりも強くなってきた。それは歴史が証明している」

米中日が骨太の協力関係をつくれるかどうかは、中国の政治改革の行方も絡んでくる。中国と日米に横たわる対立の淵源をたどると、政治体制の違いに行き着くことが少なくない。中国の一党支配体制は政策をすばやく決め、実行できる利点がある。その半面、誰がどうやって政策を決めているのか、外部からは見えづらい。こうした不透明な構造が、外国の不信感や不安を増幅させている面がある。対話ではこの問題をめぐっても、かなり突っ込んだやり取りがあった。問題を提起したのは日本側だ。

「日本では暴動が起きる前に選挙で政権が代わる。中国はそれがない。だから、予測できない混乱が起きるのではないかと不安になる」

「日本、米国、英国、ドイツ、韓国……。主要国はどこも選挙で政権が誕生している。中国側は政権が変わらないほうがいいと思っているのか」

日本側がこう質問すると、中国側からは意外なほど率直な答えが返ってきた。膨大な人口と広い国土を抱える中国は、米欧型の民主主義をコピーすることはできない。こうした前提付きながらも、民主化の必要性についてはっきり認めたのだ。

「選挙で生まれた政権は、選挙で生まれない政権よりはいい。私たちもそれを目標に努力している」

中国側のある参加者はこう切り出し、続けた。

「共産党は独裁・専制政権としてやってきたが、日本の体制よりガバナンス能力は高い。だからといって、今の政治モデルを支持しているわけではない。これからの三〇年で中国が民主主義の方向に向かっていくことは間違いない。ただ、一三億人を統治するための民主主義とは何なのか。民衆の情緒の問題もあるので、一概に、民主主義を期待することはできない。どんな民主主義が一三億人の中国を救えるのか。本当に困っているのが現状だ」

別の参加者は「特区を設けて、選挙を実施することもできる」とも話した。この対話の中国側主催者は国務院（政府）であり、やり取りはすべて記録されている。それだけに、ここまで突っ込んだ議論ができるとは、正直いって期待していなかった。民主化問題をめぐり、公式の場での発言の「許容範囲」が広がりつつあるのか。それとも、たまたま出席者が大胆な人物だったのか。共産党が一党支配を放棄し、多党制に移ることはないだろう。それでも、すべての政治改革を一切拒んだままでは生き残れないという思いが、共産党の首脳部にも芽生えているのかもしれない。

日本の「孤立」に警鐘

最後に、いちばん印象に残った中国側の発言を紹介したい。それは米中日関係のなかで日本は埋没し、孤立するだろうという予測だった。

「中日米で見ると、経済的には中日の関係がより近くなっていくだろう。しかし、政治的には中米がより近づくに違いない。その結果、日本は端っこに追いやられる可能性が高い」

米中はともに国連の安保理常任理事国であり、もちつもたれつの大国の関係にある。摩擦を抱えても、決定的な対決を避けるため、どこかで折り合おうとする。日本は蚊帳の外に置かれ、孤立しかねないというわけだ。そのうえで、彼はこう締めくくった。

「日本にとって最高のシナリオとは、中米の間で自分の軸足を決め、両方とうまく付き合っていくことだ。まずまずのシナリオは、中米の少なくとも一方とは仲良くしていくことだ。最悪のシナリオは中米が近づき、日本が端っこに追いやられ、孤立することである」

日本がこうした最悪のシナリオにはまる危険は、今のところ大きくない。米中はアジア太平洋の覇権をめぐって対立を深めていくと思われるからだ。そうしたなか、中国にとっていちばん望ましいのは日本が米国から離れ、中国側に軸足を移すシナリオだ。日本がそうしないなら、中国は米国と手を握り、日本を孤立させることもできる——。中国の参加者の発言は、日本へのこんな警告だったのかもしれない。

3　東日本大震災への中国の視線

富坂　聰

「三・一一」が中国に与えた衝撃

日本で暮らしたことのある中国の留学生に、「生活で慣れなかったことや嫌だったことは何か？」と尋ねると、かなり高い割合で返ってくる答えが「地震」である。中国でも北京や上海で暮らしていれば、確かに地震に遭遇することは滅多にない。実際、留学生として四年を北京で過ごした私には、大小を含めて地震に遭遇した記憶がない。

北京の街並みを見回しても、いったい耐震はどうなっているのだろうかと心配になるような奇抜な形をしたビルがやたらと目につくのであるが、それらはあきらかに安全よりもデザインを重視して建てられたビルであることが一目でわかるものばかりだ。何より北京が「建築物の万国博覧会場」と世界から呼ばれている所以であるが、その香港を思わせる個性的なビル群は、香港と同じく「地震は来ない」ことを前提として建てているのだから日本とは大きく感覚が違うのである。

だが、では中国が大きな地震被害に襲われたことはないのかといえば、もちろんそうではない。記憶に新しいところでは北京オリンピックの年に大陸西部を襲った四川大地震が真っ先に思い浮かぶだろう。また、古くは死者二十数万人に及んだ唐山大地震もある。二〇一一年三月、日本を襲った東日本大震災（以下、三・一一）の直後にも雲南省が大地震に見舞われ、二〇一二年にも中国南部でダム誘発型地震が起きるなど、広い国土を見回せば常に比較的短いサイクルで「地震」の文字は中国のテレビのニュースや新聞紙面を賑わしてきたのだ。

しかし、なぜか中国人は日本人ほど地震に対しての耐性ができていないのである。たとえば、四川大地震のときに見られた北京の人々の反応だ。このとき北京にも長期震動が届いたとされ、首都に林立する高層ビルが大きくゆっくり揺れるといった現象が――これが本当に四川の地震と関係があるのかどうかは定かではないが――確認されている。このとき、ビル周辺の歩道は高層ビルから吐き出されてきた人々によって、あっという間に埋まってしまったとされる。そのとき、いかに人々が慌ててビルから飛び出してきたかを語るエピソードには事欠かないほどであった。

知識層やホワイトカラーが集中する北京中心部のオフィス街がそうであれば住宅地はもっと過敏な反応を示すのが中国である。この日を境に、ひとたび「地震が来る」という口コミ情報が人々の間を駆けめぐろうものなら、それがたとえ非科学的な根拠――たとえばカエルなどが大量発生して一つの方向に逃げ始めたなど――であろうと人々は敏感な反応を見せるようになった。情報が届いたのが深夜であっても人々は慌てて家を飛び出し二、三日野宿することも珍しくなく、車を持っている者であれば食糧や生活用品を持ち込み何日も過ごすという現象があちこちで見られるのである。とくに都市郊外や農村部で、口コミ情報に踊らされる現象が目立ったが、それは中国人の地震に対する恐怖心を象徴する現象でもあるのだろう。

前置きがやや長くなってしまったが、こうした地震恐怖症があったため、「三・一一」の一報に接した中国はたちまち過剰反応を見せたのである。もっとも中国メディアがこの未曾有の大災害に強い興味を示したのには理由がある。死者数一万五八五八人、行方不明者三〇二一人、避難者数三四万三九三五人という桁外れの大災害には世界中が等しく同じように反応したからである。

だが、今回私があえてこういう言い方をするのは、この震災報道に限っていえば、世界と「等しく同じような」反応が中国から起きたことこそが中国に起きた変化だと考えているからだ。従来、中国メディアのなかに見られる日本は、たとえ災害報道であってもどこか同情的なトーンにブレーキをかけて報じられるのが常だった。これは、「たとえ災害報道であっても」というよりも災害報道であれば尚更というべきかもしれない。それは、中国メディアが日本をニュースの題材とする場合、日本を被害者として扱う記事は紙面との相性が極めて悪いという問題があったからだ。これはまさに歴史問題に直結する話でもある。

私が留学していた一九八〇年代は言うに及ばす、二〇〇〇年を超えてもなお中国には日本と聞けば自動的に「加害者」とのイメージが浮かぶような空気が支配していた。そのため、たとえば中国で、広島・長崎の原爆被害について話そうとしても、「自業自得ではないか」という一言で切り捨てられるのが当たり前だったのである。むしろ「帝国主義から世界を守ってくれた原爆を悪者扱いするとは何事か」と言わんばかりの反論にさらされることも珍しくなかった。同様に東京大空襲にしても、「重慶爆撃をやった国が何を言うか」と、けんもほろろなのである。つまり中国メディアとの親和性が高い日本とは、「鬼」という言葉が象徴するように悪賢く中国に災いをもたらす存在としての日本なのだ。

だが、こうしたステレオタイプな日本のイメージは、日中の経済的な逆転が喧伝されると同時に日本への観光客が増えて、自分自身で日本を体験する人々が増加するのにともなって少しずつ緩んできていたように感じられるのである。この背景には、あまりに一面的な日本に対するイメージに中国自身が倦んでいたこともあったのかもしれない。

ただ、変化の兆しが本格的な変化となるにはもう一つ大きな溝を越えなければならなかったのも事実だ。

尖閣諸島の問題をはじめ、日中間には扱いの難しい政治的課題が多く横たわっていて、一度そうした問題が日中間でヒートアップし、それが万一、民意を熱狂させるような事態にでもなれば、たちまち緩みかけていた空気も一気に逆戻りさせてしまう。そうなれば凍りついた空気のなかで、過去に日本への評価で冒険したメディアがそれを後悔する結果を招きかねないからだ。そう考えたとき、やはり「三・一一」は日中関係にある種の転換を促すほど巨大なエネルギーを秘めた大災害だったというべきかもしれない。

潮目が変わった日本報道

それまでにもメディアに定着していた反日スタンスは、さまざまな意味で曲がり角を迎えていた——たとえば中国の書店では、日本の有名な経営者が書いたビジネス書が飛ぶように売れたり、啓発、ハウツー本の書棚が備えられ、徳川家康などの歴史小説がベストセラーになるなどの現象が目立っていたように、明らかに「日本から学べ」的な空気が醸成されていた——とも受け止められていたのだが、堤防を乗り越えた巨大津波が船や車や家屋さえも押し流し、火の手を伴って陸の奥地まで押し寄せる映像の迫力は、中国のメディアが日本を〝純粋な被害者〟として扱う大きなきっかけになる破壊力を持っていたのだ。

また、「三・一一」の衝撃の普遍性は、中国メディアに五月雨式の変化をもたらすのではなく、一斉に雰囲気を変えるだけの強いパワーを秘めていたことも見逃せない。実際、「三・一一」の災害報道では、まるで堰を切ったように日本への同情に満ちた記事が溢れ出し、被害の凄まじさを伝える記事に交じって、日本人の礼儀正しさや日本の社会が震災に直面してもなお秩序を保ったことに対する高い評価など、正面から日本を褒める報道も少なからず見られたのである。

震災後に人々が避難し、もぬけの殻になった街で盗難や略奪といった行為がほとんど見られなかったことや、人々がそれぞれ勝手な行動をせずに落ち着いていたこと、また配給を「奪い合う」ことなくきちんと並んで受け取っていたことなどは、いずれも日本人や日本社会の美徳として欧米のメディアでも多く取り上げられ、中国メディアでも同じように報じられた。

なかでも中国の視点が独特だと考えさせられたのが、被災者が建物の階段で休んでいるところを収めた一枚の写真を多くのメディアが使っていたことだった。この写真は、階段の両側に人が集まって、その真ん中を人が通れるように空けている写真だった。日本人が見れば「この写真のどこが報道に値するのか」さえわからないような写真なのだが、中国ではこれが日本人社会の〝秩序の高さ〟を証明する一枚になったようで、やたらと媒体で目立っていたのを興味深く感じたものだった。

同じように災害報道の初期段階で目を引いたのが、被災地・女川の水産加工会社である佐藤水産の専務が被災して亡くなったことを報じた記事を中国の新聞各紙誌で積極的に取り上げていたことだった。記事の中身は、佐藤水産の社長の弟である佐藤充専務が、津波が押し寄せてくることを知って従業員たちを安全な高台まで誘導して避難させたという美談で、自らの命をかえりみることなく奮闘したという感動ストーリーに仕上げてあった。この物語の核心は、その佐藤専務が救った従業員というのが、中国から来ていた二〇名の研修生（研修という名目で中国から招いている労働者）だったという事実だった。

津波被害を免れた中国の研修生たちは、帰国後、佐藤専務を「自分たちの恩人だ」と語ったため、中国メディアの多くがこれを報じて国内で大きな話題となった。また、中国人研修生たちの出身地でもあった大連市の政府が音頭を取って佐藤氏のための基金を設立し、日本の被災地に約二〇〇〇万円の義捐金を送るという交流も紹介されたために、全国の多くの中国人がこのニュースを知ることとなったのである。

前述したように、中国のメディアと日本人の美談は親和性が薄く、これまでなら彼らが積極的に取り上げようとする話題ではなかったはずだ。つまり、「知っていても書かない」類のテーマだったのだが、「三・一一」以後に見られた中国の各紙誌の紙面は、明らかに潮目が変わったことを感じさせる内容に満ちていたのである。

対日感情にも変化の流れ

こうした中国メディアの親日的ムードは、震災報道が続くなかでも何度か揺り戻しのきっかけになるような事柄にぶつかっている。私が感じただけでも少なくとも二回あり、その一つが、中国政府が派遣を申し出た救援隊を日本側がなかなか受け入れず、さらに中国から贈られた救援物資も現地に届くことなく長い期間止め置かれたことに対する不満が伝えられたときだ。

救援隊の問題は当初、「中国がたった一五人しか送ってこなかった」という不満が日本のネットで話題になったことから広がり、それを転送する形で中国でも話題となったのだが、真相はむしろ逆で、中国は震災が伝えられた直後から一〇〇人態勢の救援隊の出発準備を整え、日本側が受け入れを承諾するのを待っていたのである。最終的に日本が受け入れた救援隊は一五人で、これは台湾の六三人、韓国の一〇七人と比べて大きく見劣りすることとなった。中国側は最低でも二〇人規模の救援隊を派遣したいと申し入れたのだが、日本側は一五人という枠を崩さなかったのである。

ボタンの掛け違いによって起きた誤解は、日中の問題となると沸騰しやすい世論――とくにネット世論――に火をつけても不思議ではない展開を見せていたのだったが、結果としてそうなることはなかった。その理由は双方が冷静であったためだが、見落としてはならないのは中国側メディアがこのすれ違いについて、きちんと説明を試み、誤解を払拭しようと努めたことである。

日中関係の難しさを体験的に知らない人々にすれば、単に説明したというのなら当然のことをしたに過ぎないのでは、と考えるかもしれないのだが、状況によっては主張の内容を忖度《そんたく》する以前に「どちらの味方なのか」が問われることの多い日中関係においては、むしろ最初に旗幟鮮明にすることこそが重要で、「正しさ」や「冷静さ」や「公平さ」などはずっと二の次三の次とされてきたのだ。たとえ後に再評価されるものであっても、そのとき受けるダメージがあまりに大きいために、そんな貧乏くじを引こうという気持ちにはならなかったのである。

こうした問題は少なからず日本にも存在するものなのだが、中国は相対的により不寛容な社会と見られてきた。その意味では、中国のメディアが日本の立場に立って事の成り行きを説明したのは、一つにメディア自身の変化を指摘することができるのと同時に、もう一つはそれを受け取る人々に変化が認められるのだ。事実、そのことは私がもう一つの揺り戻しのきっかけになりかねなかったと考えた温家宝首相の訪日のなかにも見られた。それは震災後に訪日した中国の温家宝首相と李明博《イミョンバク》大統領の日中韓首脳会談を福島で行ったことである。

日中韓首脳会談が福島で行われたことは、三カ国の了解のなかで行われたことなので予定の行動だったのだが、問題は福島県産の食品が安全であることをアピールするためのパフォーマンスであった。福島県産のプチトマトなど野菜類を三首脳がそろってテレビカメラの前でほおばってみせたのだが、実は、信じられないことにこれが事前の打ち合わせのない行事だったのである。問題を暴露したのは、温家宝首相に随行した在新潟中国総領事館の職員である。その職員は日本側の行為を「儀礼として食べざるを得なかった」としながら、日本側から何も事前の説明がなかったことに対して「やり過ぎだ」と憤って自身のブログに書き込んだのである。この情報が最初に流れたとき、これは大変なことになるかもしれないと私は直感したのだったが、結果は見事に私の予測を裏切ったのである。

こうした点を並べてみたとき、やはり中国において日本に対する感情が、大きく変わってきていると判断できるのだ。もちろん、日中間の歴史背景を考えれば簡単に感情のしこりが消えるとは考えにくい。ましてや困難な政治課題を背負っている両国が一朝一夕に距離を縮めると考えるのは短慮との誹りを免れない。

事実、私自身が本書の「反日」の源流のなかで記したように、今後は中国社会の変化に従って、より立場と利害関係の絡んだ——職業的な反日など——反日勢力の台頭の可能性もあるだろう。だが、そうであっても震災を引き金とした日本報道の変化は、エポックメーキングな出来事として特記されるべきだろう。

福島原発事故と中国の原発大国化

さて、こうした変化の一方で中国メディアは震災を機に別の意味で日本のイメージを修正せざるを得ない事件にも直面していた。それは言うまでもなく福島第一原子力発電所の事故である。

本会議でも「記者として」また「組織の判断として」あの事故にどのようにアプローチすべきかについては大きな議論となった。なかでも驚いたのは、中国側の代表の一人が、自分の部下の一人が「会社に一筆入れるから、個人の責任として原発取材に行かせてほしい」と直訴してきたというエピソードを披露したときだ。日本側パネリストのなかから、「そこまですればいいっていう話ではないのでは?」といったつぶやきさえ漏れた猛烈ぶりである。だが、その発想こそ西側ジャーナリズムのインセンティブそのものだろう。

実際、『週刊文春』を含め、いくつかの週刊誌には政府の避難指示を無視して原発に近づいたり、作業員として潜入したりするなどの手法で行われたレポートが複数掲載されている。それは市場をめぐる競争のなかで差別化を意識して行き着いた選択と行動といえるだろう。つまり中国でも、こうした記者の行動を評価する装置が存在しているということなのだ。もしそうであれば、中国メディアを取り巻く環境は、すでにかなり激しい市場原理が作用していると見て間違いないだろう。

本稿の冒頭でも触れたように、中国人の地震に対する恐怖心は日本人以上である。今回は、その地震に津波が加わり、原発事故による放射性物質の拡散という問題にまで波及したのである。当然のこと、中国人は放射性物質に対しても地震と同等もしくはそれ以上に過敏に反応したのである。

災害発生当初、被災した日本人の秩序正しさや感動的なストーリーで彩られていた中国メディアの紙面は、原発事故をきっかけに大きく変化した。一面に真っ白な防護服に身を包んだ作業員の写真が大写しで掲載されると、その後の「三・一一」絡みは原発問題に大きな紙面が割かれるようになっていくのだ。この変化をきっかけに日本に暮らす中国人に対して中国の両親や親戚から帰国を促す電話が急増し、訪日予定の中国人の予定が次々にキャンセルされるようになっていく。日本と中国を行き交う飛行機は、中国発の便ではガラガラなのに帰りは満席という状況が続き、日本への観光もピタリと止んだ。

同じ時期、日本からの食料品輸入に対しても厳しい措置が取られるようになった。連日、日本から届く食料品に対して過剰なほど厳しい検査が行われる映像も多く日本に届いた。なかでも敏感だったのが香港であった。日本人の多くはこのドタバタのなかで初めて、日本の食料品がこれほど大量に海外へと輸出されていたことを知ったのではないだろうか。私は、香港の一つのテレビ番組が日本を「食品輸出大国」と形容していたのに接して、驚いたものである。

だが、こうした放射性物質恐怖症に比して不思議だったのは、隣国の深刻な事故を目の前にしても、やはり自国の原発建設計画が大きく頓挫するようなムーブメントには繋がっていかなかったという点だ。中国の原発計画をざっと見ていくと、現在営業運転している一四基を一〇年後に約七〇基（七〇〇〇万キロワット）まで増やす計画を立てている。一〇年で五倍にすると聞けば驚かされるが、それでも伸び続ける中国の電力需要には追いつかず、計画案のレベルでは、二〇三〇年までに二〇〇基、二〇五〇年までには最大で四〇〇基まで建設する計画まで持ち上がっているというのだ。

中国の電力不足の事情を考えれば当たり前の選択といえようが、心配なのは中国で原発事故が起きないかということである。悪いことに日本は、中国の大気汚染の影響を偏西風によってもろに受け、同じように海流からの影響も避けられない立地にある。つまり、震災後に日本国内で高まった脱原発を目指すムーブメントは、そもそも日本一国で解決できる問題ではないのである。

私が取材したある電力関係者は、日本の原子力エネルギーの未来を技術の観点から、「もともと商業的にもこの分野の研究者にはなり手がないという問題があった。そこに、今回の事故が重なり、もう完全にいなくなるでしょう。そして日本の原発がすべて停止してしまえば、もし今後、中国で何かの事故が起きたとしても、そこでいったい何が起きているのかわかる専門家はなく、日本では誰一人理解できないまま、ただ事態を見守るしかないという状況に陥るでしょうね」と警告したのである。

ここで重要になるのは、中国のメディアがその監視役としての役割を、海外への影響という点も踏まえて果たすことができるか否かという視点なのだ。日本人が一般に抱く中国のイメージは「事故を隠蔽」する体質である。事実、香港からわずか五〇キロメートルの距離にある大亜湾原発(広東省)では二〇一一年、放射線が建物の外に漏れ出すという事故があったばかりだ。それも、香港のメディアが騒ぎ出すまで、その事実さえ隠していた対応の不誠実さが問題になった。

一〇年ほど前には、これも香港で大亜湾原発の建設過程で手抜き工事が話題となり、太さの規格に満たない鉄骨を使用し材料費を浮かせようとしたとの疑惑も持ち上がっている。材料費を浮かせるというのは、たいていい賄賂の捻出のためだ。高速鉄道の事故でも、事故の五カ月前に鉄道相が汚職で逮捕されている。そして原発でも体質は同じだ。中国メディア『新世紀週刊』は二〇一二年三月二一日の特集記事で、運転を始めたばかりの原発をめぐって起きた汚職事件についてこんな記事を掲載している。

「二〇〇七年末、中国に第三世代原発を導入する過程で、事業にかかわった中国技術進出口公司の蒋新生総裁が「双規」（党の規律検査委員会の取り調べ）を受けた。ほかに事業にかかわった中国広東核電集団公司の元総経理以下二〇名が取り調べられ、（中略）一〇年の刑が確定。さらに二〇一〇年には、中国核工業集団公司の元総経理、党組書記の康日新に無期懲役が言い渡された」

つまり記事から推察するに原発建設もまた腐敗の温床であり、その他のインフラ建設同様「手抜き工事」が横行している可能性が否定できないというわけだ。

前述した大亜湾原発では、香港政府のスポークスマンが、「二〇〇五年から比べれば状況は大きく改善された」として、「二〇〇〇年から二〇〇四年までは毎年平均一三回も起きていた事故が、今で年平均四回まで下がっている」と説明して記者たちを驚かせた。同じように二〇一〇年九月に嶺澳《れいおう》原発三号機（広東省）が運転を始めるのに際して行われた式典で演台に立った李幹傑・環境保護次官兼国家核安全局長は、原子力発電の現状を総括して「勢いはすばらしい。しかし、隠れた問題は少なくない。作業に従事する者は頭を覚醒させて望むように」（二〇一一年四月二九日付『上海国資』）と含みのある発言もしているのだ。

だが、前述したように中国国内のメディアは、むしろ原発建設を推進する地方政府とタッグを組むことに熱心で、なかには地方の党組織が地元住民にその安全性を説明するためのパンフレットを、社として請け負って作製していた新聞社もあったほどで、やはり日本の現状とは距離を感じる場面が少なからず目についたのだった。

4　ネットメディアの挑戦と課題

河野　徹

世界最大のネット大国

「中国のネットは非常に自由な空間であり、どんな意見でも言うことができる」（中国記者）
「中国ではみんなが記者になった感じがする。情報の提供者であり、受信者にもなっている」（同）
「日本ではインターネットの影響は大きくはない。しかし、中国ではネットが先行している」（日本記者）

日中ジャーナリスト交流会議では、日中双方が中国ではネットメディアが極めて大きな役割を果たしていることを認めあった。

インターネット人口が五億人を超え、世界最大のネット大国となった中国は、同時にネットメディア大国でもある。中国インターネットセンターの公式調査でも、ネットユーザーの七割がネットを利用する目的としてニュースを見ることを挙げている。もちろんテレビや新聞といった伝統メディアも健在だが、社会をリードする官僚や経営者、さらにホワイトカラー、学生、青少年、都市部の住民といった市民層は、多様な情報を知る手段として、もはやネットメディアとは切っても切れない依存関係にある。

それは中国のネット上に多数のニュースサイトが乱立し、数分ごとに新しいニュースを発信する「新浪《シンラン》」や「網易《ワンイー》」といった民間ポータルサイトだけでなく、それに負けまいと新華社の「新華網」や人民日報の「人民網」など公式メディアも惜しげなく自前のニュースをサイトに公開しているからだ。とはいっても、よく見てみると、どのサイトも同じニュースが多いことに気づく。読者の興味を引くようなニュースは、そのままほかのメディアに次々に使い回しされているのだ。この使い回し現象は、最近急速に拡大している中国版ツイッターでも起きており、中国社会の情報の広がりの大きな特色といってよいだろう。

一九八〇年代ぐらいまでの情報統制が厳しかった時代には、公式ニュースとは別の「小道《シアオダオ》消息《シアオシー》（口コミ）」と呼ばれる裏のニュースが口伝えであっという間に広がり、庶民は取り澄ました表のニュースとは別の本音の情報をつかんでいた。毛沢東死去後の極左派「四人組」の逮捕、改革派の胡耀邦総書記の失脚といった大ニュースは、公式発表の前にうわさ話の形で実は多くの人たちが知っていたのだ。もちろん「小道消息」は玉石混交だが、少しでも真実に近づきたいという人間の基本的要求に応えるために不可欠な役割を果たした。ネットメディアはこの中国社会の伝統を受け継いだものだが、知人から知人へという閉ざされた空間ではなく、その内容が万人に公開されているという点が大きく異なる。少し中国のネットメディアの歴史を振り返りたい。

中国にインターネットが導入されたのは一九九〇年代の後半。公式ニュースを広く伝える手段として、人民日報や新華社など主要メディアはそれぞれ自前のニュースサイトを立ち上げた。しかし、民間資本による商業ポータルサイトもニュース発信を始めたことで情報規制に大きな風穴が開き、中国のネットメディアは市場経済の競争原理を基本として独自の発展をし始めた。一九九七年に設立された民間ポータルサイトの「網易」、さらに一九九八年の「捜狐《ソウフー》」と「新浪」は、それぞれ自分のサイトにネットユーザーをひきつける手段としてフレッシュな情報、すなわちニュースを掲載し始めた。当初は自前取材する能力がないため、まずソースとして使ったのは新華社など公式メディアのサイトだ。

民間ポータルサイトにとって最も重要なのは、ユーザー数すなわちアクセス数を増やし、広告収入を増やすこと。大きな事件・事故、とくに社会を揺るがすようなニュースが発生した場合、その行方は当然、民衆にとって最大の関心事だ。ところが、長年の検閲と自己規制でがんじがらめの公式メディアのニュース発信は遅いし、中味が敏感であればあるほど、すなわち民衆が強い関心を持つものほど、中身が薄い。そこで次に始まったのが、国外メディアの報道を翻訳転載することだった。

一九九九年のコソボ紛争では多くの民間ポータルサイトが競ってニュース特集をつくり、CNNや外電の報道を中国語に翻訳して掲載するなど、戦況の進展を二四時間フォロー、公式メディアと異なるビビッドで斬新な報道を始めたのだ。とくに北大西洋条約機構（NATO）軍機によるベオグラードの中国大使館誤爆事件では、中国メディアの記者が犠牲となったが、民間ポータルサイトは速報などで当初、既成メディアを圧倒した。これに対抗して人民日報のサイトは、同僚のルポなど迫真報道をネット上で行う一方、読者が自由に感想や情報を書き込めるネットフォーラムを充実させた。

このフォーラムは「強国論壇」と改名して現在も続いているが、当局への批判も含めた踏み込んだ意見表明がされることで有名だ。それだけにとどまらず、ユーザーが他メディアの報道を転載する形で書き込み、情報を伝達するプラットフォームの役割を早くから果たしていたことに注目したい。私もしばしばチェックするが、上海駐在時代の二〇〇〇年、台湾総統選で台湾独立派の陳水扁氏が当選したことを中国メディアが報道する前に、「強国論壇」のユーザーが香港メディアの報道を転載する形でいち早く書き込んだのに驚いたのを覚えている。

もちろん指導者に対する罵詈雑言やチベット独立、法輪功といったセンシティブなテーマに関する書き込みは削除されてしまうことが多いが、ここまで言って大丈夫かと思うほど踏み込んだ書き込みも多く、許容範囲は相当広いと思う。党機関紙である人民日報が運営するサイトだからこそできることなのだろうが、体制内改革の試みと捉えることもできる。中国というと、サイバー警察やネット規制ばかりがクローズアップされるが、民間ポータルサイトとの競争のなか、既成メディアがどんどん変化し、ネットでは限界はあるものの、相対的に自由なメディア環境が形づくられようとしている。それではネットメディアは今、どんな状況に置かれているのだろうか。

民間サイトが伝統メディアをリード

中国インターネット協会は中国のサイトの時時刻刻のアクセスランキングを常時公表している。そのトップ一〇位には検索エンジンの「百度《バイドゥー》」、民間ポータルサイトの「騰訊《トンシュン》（テンセント）」「新浪」「捜狐」「網易」、香港フェニックステレビの「鳳凰《フォンホアン》」などが並ぶが、伝統メディアである新華社の「新華網」や人民日報の「人民網」、そしてメディア管理機構である国務院新聞弁公室の「中国網」などは二〇位～三〇位の間を行き来する状況で、民間ポータルサイトが常に伝統ニュースサイトをリードしている。

いずれのサイトも大量のニュースをキラーコンテンツとして掲載しているが、民間ポータルサイトの人気が高いのは、報道の切り口が伝統メディアよりも自由でフレキシブルだからだ。官の保護を受けながら「党の喉舌」としての呪縛を引きずる伝統メディアと異なり、市場経済の厳しい競争のなかで民間ポータルサイトは広告収入を上げるために市民のニーズに敏感に反応することが不可欠である。

ニュースのアクセスランキングに注意を払うだけでなく、感想書き込み欄をチェックして、市民が何に関心を持っているかを常時把握。大きな事件事故の発生時にはすばやく関連記事を集めた特集ページを開設、写真やイラストだけでなく動画や音声も組み合わせ、見やすくわかりやすいサイトづくりに工夫をこらす。

問題はこれらのニュースが何をソースにしているかということ。中国当局は、伝統メディアが開設するサイトは「ニュースサイト」として直接取材権を付与しているが、民間ポータルサイトなど「商業サイト」にはニュースの転載権は与えるものの、直接取材権を認めていない。このため、多くのポータルサイトは、人民日報や新華社など中央メディアや「解放日報」など地方の伝統メディアの「ニュースサイト」に公開されたニュースを転載せざるを得ない。

しかし、「上に政策あれば、下に対策あり」は中国の常。ネット上のニュースは「政治、経済、軍事、外交などの報道や評論および社会の突発事件の報道や評論」と定義されていることを逆手にとり、いわば〝硬派〟のニュースは伝統メディアから転載するものの、芸能、娯楽そしてスポーツニュースなど〝軟派〟ニュースは自前で作成。二〇〇六年のトリノ五輪で初めて「新浪網」が取材証を得たのを皮切りに、北京五輪ではオリンピックのオフィシャルサイト構築の権利を得た「捜狐」が一〇〇枚以上の記者証を獲得、大量の独自取材に基づく報道を行って成功した。

二〇一一年秋に中国の研究者が行った調査によると、有名民間ポータルサイトのコンテンツは政治経済ニュースでは伝統メディアからの転載がまだまだ多いものの、スポーツや娯楽を中心に三分の一近くが自前ニュースによって占められた。これらの〝軟派〟ニュースはよく読まれるだけに、民間ポータルサイトが取材作成したコンテンツが〝硬派〟ニュース中心の伝統メディアのサイトに転載されるという逆転現象も増えているという。市場経済の厳しい競争のなか、読者のニーズに応じなければ生き残りが図れない状況になりつつある。

広告収入の面から見ると、ネット広告がすでに新聞広告を抜き、さらに民間ポータルサイトの売り上げが伝統メディアを凌駕、さらに伸びる勢いを見せている。ネット上で公開されている中国の広告業界の調査によると、二〇一一年のネット広告市場の規模は五一二億元で対前年比五七％増という急成長を見せたが、新聞広告は四五四億元だった。

ネット広告市場の八割が民間ポータルサイト一五社によって占められており、検索連動型広告が最も売り上げが多いこともあって、検索エンジンの「百度」の広告収入が約一四〇億元、これに次いでネット販売の「淘宝《タオバオ》」が約八八億元、中国語サイトが大陸から撤退した「グーグル」が勢いを落としたものの三六億元、「新浪」「捜狐」「騰訊」などニュースを中心とするサイトも二一～二四億元の収入を上げたとしている。

中国経済は国内総生産（ＧＤＰ）が日本を追い越して世界第二位になったが、一方で世界経済の低迷による輸出減や不動産バブル崩壊警戒の引き締め政策などで、成長率はダウンしている。二〇一一年の新聞広告のなかで大きな比重を占めたのが不動産広告だが、引き締め政策で減少するのは必至。先の調査でも、二〇一二年はネット広告が七九〇億元へと急成長するのに対し、新聞広告は四七九億元と伸び悩むとし、ネット広告は二〇一五年には一八七三億元に達すると予想している。

新聞出版総署の統計として報じられたところによると、二〇一二年の中国の新聞・出版業界の利潤は一〇一億元だったが、同年の「騰訊」一社だけの利潤額は八一億元、二〇一一年の利潤は一一〇億元にのぼると推定されている。四大ポータルサイトといわれる「新浪」「捜狐」「網易」「騰訊」の二〇一〇年の売り上げに対する利潤率は二九～四二％で、極めて効率の高い経営ぶりだ。

市場経済の厳しい競争のなか、広告収入が伸び悩む伝統メディアを支えようと、中国当局も懸命だ。多くの余剰人員を抱え、なかなか効率が上がらない伝統メディアの組織をスリム化させ、上からの実質的な補助金に頼る伝統メディアの体質を変えるには荒療治しかない。国務院弁公庁は「文化体制改革」と銘打って、メディアを含む「文化事業部門」を企業体に転換させる通達「一一四号文書」を二〇〇八年末に出し、企業体に転換した際の五年間の所得税や不動産税免除などの優遇措置を打ち出したが、なかなか転換が進まないため、優遇措置はさらに五年間延長されそうだ。

民間ポータルサイトの攻勢に伝統メディアはどう対抗していくのか。どれだけ合理化を進め、収入を上げる事業が起こせるかが要だが、それに先立つのは資金調達。伝統メディアのモデルケースとされる人民日報のサイト「人民網」は上海市場に上場し、五億元余りを調達する計画だ。人民網は二〇〇六年に中国の伝統メディアとしては初めての海外進出となる株式会社を東京に設立、日本語版サイトを使ったパブリシティビジネスで成功をおさめているだけに、多くの伝統メディアが同じような試みをしていく可能性が強い。伝統メディアの今後はネットメディアへの対応にかかっている。

ミニブログで〝全民記者〟時代に

「テレビで特定のキャスターは発言できるかもしれないが、反対意見を持った人を招待して語らせることができるか。主流メディアで発表できないから、ニューメディアで発表しているのだ。高速鉄道事件だけでなく、多くの腐敗事件を含めてニューメディアが世論をリードしている」(中国記者)

「中国の多くの主流メディアにはアンビバレントな心理が存在しているように思う。人民に批判されることを恐れながらも、人民は間違っていると思い込んでいるということだ」(同)

二〇一一年、中国浙江省温州市で起きた高速鉄道事故を、誰よりも早く、そして写真や映像入りで詳しく報じたのは、乗り合わせた乗客や現場にいた一般市民だった。その手段となったのは、中国全土で四億人以上のユーザーがいるといわれる中国版ツィッターのミニブログサービス「微博《ウェイボー》」だ。

「微博」はこの一、二年で爆発的に拡大。多くのサイトがこのサービスを提供しているが、有力なのは「新浪」「騰訊」「網易」「捜狐」など民間大手ポータルサイトが経営するもの。いずれも利用は無料で、自分のメールアドレスなどの情報を登録すればすぐに使える。一四〇字以内の文字情報を基本に、写真、動画、さらに音楽なども添付できるため、いわば簡易版の個人サイトといった使い方をされており、パソコンだけでなく、多機能携帯電話を使えばどこからでも閲覧も発信も可能だ。

温州の事故では現場にいる人間でしか伝えられない迫真性のある写真や映像を実況中継さながらに公開、さらに車体を埋めてしまったことなど当局が隠したい情報も筒抜けで広く伝わり、「微博」の威力を世界に見せつけた。「微博」がリードし、それを多くの記者がフォローするケースが目立ったが、規制が緩かった最初の数日間が過ぎて当局のメディアへの締め付けが始まると、今度は記者が取材で得たものの報道できない情報を自分の「微博」のアカウントに流す例もあったという。

高速鉄道の事故だけではない。中国のあちこちで絶えない、土地収用をめぐるトラブルや幹部の腐敗、果ては少数民族の騒乱など公式メディアの報じない情報は、現場に居合わせた人などが「微博」を使って発信、それがあっという間に転載されて中国全土、そして海外にも広がる。発信者が体験した情報だけでなく、海外メディアのニュースも多い。写真や画像が添付されているものも少なくないだけに説得力がある。当局がこれをもみ消そうとしても、次々に転載される情報のすべてを消し去ることはできない。

「微博」がこれだけ大きな役割を果たせたのは、自分の実名を表記せずにニックネームでアカウントを開設して、基本的に自由に情報を発信することができるからだ。日中ジャーナリスト交流会議に参加した中国側メディアの約半数が実名で自分のアカウントを開設していたが、それは責任ある情報発信を保つためでもあるという。ニックネームで情報発信するのは匿名を保つことで権力の報復から自己を守るためでもあるが、一方で無責任な批判やデマを許容することにもつながりかねないのも確かだ。

「人々が発言することはよいことだが、一方で自ら責任を持つことが重要だ」(中国記者)、「微博は確かに影響力があるが、信頼性に関しては疑問がある」(同)としながらも、「私も全員が実名でやるべきと思う。ただ中国の場合、全員を実名制にすると、政治的な後遺症が深刻になるかもしれない。責任問題になるからだ」（同）との懸念は、大きな役割を果たすニューメディアを育てていきたいという中国の新聞人の本音だろう。

事実を正確に伝えることへの使命感は中国のジャーナリストも同じだ。会議に参加した中国側メディアの幹部は圧倒的なミニブログの影響力を積極評価し、「微博が中国の民主主義を促進するうえで重要な作用をもたらしていることは事実だ」と言明。さらにベテラン記者も「微博」の普及によって人々が〝全民記者〟ともいうべき存在になっていることを認め、「微博における報道がわれわれ伝統メディアよりも聡明になる時代が来るかもしれない」とまで述べたほどだ。中国の庶民が手にしたこの新たな伝達手段は、中国メディアを根本から変える可能性すら秘めている。

対外発信では先を行く中国

「お互いの国がどうなっているかはメディアでは報道されている。ただ傾向として、極端な部分だけが拡大解釈されて取り上げられている。大衆のイメージに合ったものだけが報道され、一般に起きていることが落とされている気がする」（日本人記者）

「日中双方が相手社会を理解したいというニーズは異なる。日本人が中国人を理解したい願望は、中国人が日本人を理解したい願望には及ばないと思っている」（中国人記者）

「相手の言葉で直接語りかけることが必要だと考える。日中のメディアが協力して、相手の国情と市場経済の原理を尊重する形で、相手の言葉で情報を配信していくメカニズムが構築できないだろうか」（日本人記者）

会議ではこんな発言も出て、日中が相互理解を進める仕組みづくりが必要だとの見方が双方から示された。

国境を越えて情報をやり取りできるインターネットの普及は、改革・開放後の中国にとって世界貿易機関（ＷＴＯ）加盟以上の大きな社会的影響を与えていることは間違いない。一九八九年に起きた天安門事件後、外からの情報流入を、体制崩壊を狙った「和平演変《わへいえんぺん》」と断じる保守的な警戒論が説かれた時期があったが、ＧＤＰ世界第二位の大国となった現在、そのような見方はすっかり影を潜めた。国外からの情報流入を押しとどめることはもはや不可能との認識の一方、政治的にも経済的にも大国となった自信を背景に、中国の国力に応じた「話語権《ホワユーチュエン》」、すなわち国際発言力を高めることを国家目標とするようになった。なかでも大きな役割を果しているのはインターネットだ。

中国当局は一九九七年から対外「宣伝」という言葉の英語翻訳を「プロパガンダ（Propaganda）」から「パブリシティ（Publicity）」に改めたという。教条的な宣伝では国際社会に通用しないとの反省からであり、これまでと違った、ソフトで外部からも受け入れやすい対外広報活動を展開するようになったといえる。中国の主要メディアに対しても、ロイターやＡＰなどの通信社、さらにＣＮＮやＢＢＣに負けない、中国の目から見た対外「報道」、すなわち国際発信を行うよう求めてきた。内容については、途上国からの視点を重視、とくにアフリカや中東、アジア地域での影響力拡大を狙う。新華社や国際放送、中央テレビ、チャイナ・デーリー、外文出版といった対外発信機構に対してはさまざまな優遇策を与え、英語をはじめとする多言語による発信と、ネットを中心とする発信プラットフォームの多元化を奨励している。

多言語によるニュース発信を行っているメディアは少なくない。新華社のニュースサイト「新華網」は、英語、フランス語、ドイツ語、ロシア語、スペイン語、アラビア語、エスペラント語、韓国語のほか、二〇一一年から日本語も開始して九外国語。さらに、国務院新聞弁公室の運営する総合ニュースサイト「中国網」も新華社と同様の九外国語。中国中央テレビの運営する動画ニュースサイト「中国ネットテレビ」は、日本語はないが七外国語、中国国際放送も日本語はないが五外国語の、それぞれニュース発信を行っている。注目したいのは、日本語のみならず、英語、フランス語、ロシア語、韓国語、アラビア語、スペイン語など七外国語のサイトを開設している人民日報のサイト「人民網」だ。

「人民網」は共産党機関紙という権威を有するがゆえに、その膨大な組織力を活用できるだけでなく、自分の裁量でさまざまな新しい試みを次々に行っている。ほかのメディアなら開設をためらうであろう、庶民が自由に意見を書き込めるネットフォーラム「強国論壇」を最初に立ち上げたのも「人民網」だが、それに続いて日中関係を中心に議論する「中日論壇」も開設した。靖国参拝や尖閣問題など日中間にセンシティブな問題が起きるたびに、このフォーラムは日本批判で〝炎上〟寸前になるし、時には日本からと見られる日本語の反論の書き込みも現れ、ともすると「2チャンネル」さながらの様相を見せることすらある。〝炎上〟をきらう日本のメディアが、自社サイトでこのような度量の大きなサービスを提供することは難しいだろう。

「人民網」は中国語サイトの下層に日本に関するニュースに特化した「日本チャンネル」も開設、日本語サイトと組み合わせて、同じコンテンツやテーマを中国語と日本語の双方で発信している。中国のさまざまな分野で活躍する日本人に行った独占インタビュー「あつまれ、中国の日本人」は、それぞれが身をもって日中交流を実践しているだけに、日中双方でなかなかの人気だ。「ネットは儲からない」といわれるが、人民日報の権威性と人気ニュースサイトであることを武器に、対中発信したい日本の官民のニーズに応えて有料パブリシティ情報の発信を行うなど、ビジネス面でも効果的な運用をしている。

日本では最近になってようやく対外発信の重要性が認識され始めたが、規模においても内容においても、中国と大きな差異があると言わざるを得ない。英語による情報発信はネットでも行われているが、中国語を含めた多言語発信はまだまだだ。日本メディアのほとんどはこれまで国内市場だけで完結してきたが、少子高齢化と活字離れのなかで、もはや飽和状態なのは誰もが感じていることだ。小さいパイを奪い合うのか、それとも活路を外に求めるのか。自らの発想を変え、国外に市場を求めていかなければならないだろう。手法面で新しい試みを大胆に取り入れていくという中国のメディアに学ぶ一方、内容面でもドメスティックな報道姿勢を国際ニーズに合わせたものに成長させていかねばならない。

衰えたとはいえ、世界第三位の経済大国である日本の情報へのニーズはまだまだある。欧米とアジアの架け橋という面でも日本発の記事は独自のものがあるだろう。客観的で公正という国際スタンダードに加え、きめ細かく丁寧という日本の優位性で味付けした情報を、中国語を含めた多言語で、ネットをはじめとする海外の多メディアに向けて発信することは、今後の生き残りの道の一つではないか。市場経済の進展のなかで中国社会もどんどん変化しており、客観情報へのニーズは高まる一方だ。これまでの固定観念にとらわれず、双方が勇気を持ってもう一歩前に踏み出せば、日中間のメディア協力は必ず進むと確信している。

ジャーナリストの自由と不自由——あとがきにかえて

広瀬道貞

内閣の改造が終わって新しい閣僚が決まる。総理官邸に呼ばれた新閣僚が次々と記者会見室に現れる。するときまって記者のなかから「大臣は靖国神社に参拝しますか」と質問が出る。テレビで見ていると、全員並べて踏絵を踏ませるような風景である。

翌日の新聞に、もちろん全部の新聞ではないが、参拝すると答えた閣僚の名前が出る。すると数日して、中国や韓国の政府高官が反発のコメントを出したとの記事が出てくる。予想されたことである。向こうでも高官が多くの記者に、抗議するのかどうか、問い詰められたのだろうと想像してしまう。

小泉政権の後半から安倍政権にかけてのころ、日中間でジャーナリズムはまことに不毛であった。踏絵の記者会見が繰り返されていたのもそのころだ。記者の立場からは、靖国論争に見るように日中間の政治そのものが不毛化していたから、新聞も放送もそれをフォローせざるを得なかったのだという反論が出るだろう。

しかし、政治が不毛の場面でこそ、未来志向のジャーナリズムの出番ではないのだろうか。私はメディアの一端にいて、何か自分にできることがないかと考えていた。広告業界の重鎮であった成田豊氏は、中国メディア界の要人とも交際が広く、彼らの反応が伝わっていたに違いない。私以上に危機感を持って事態を見ていた。

二〇〇六年になると、両国間にいくらか春のきざしが見えてきた。翌二〇〇七年は国交回復三五周年にあたる。両国の政府や経済界で友好促進のための各種の事業が検討された。成田さんと私は、新聞、雑誌、放送を舞台に活躍している両国のジャーナリストに参加を求めて、東京と北京で交流会議を開く案を作成した。このころ、田原総一朗氏もまた中国側要人との話を通じて同じようなアイデアを持っていた。会議は非公開とし、双方の人数は一〇人程度。歯に衣着せぬ論議を展開するには、テレビ朝日系の番組「サンデープロジェクト」で実績のある田原氏が司会役に適役だという点で認識が一致した。

当初、ジャーナリスト交流会議を三五周年の公式行事にしたらどうかという意見もあった。「率直な討議がそのまま喧嘩になって、逆に友好を妨げられたら困る」と、公式行事のまとめ役の経団連幹部にやんわり断られた。しかし彼らは資金的な支援はしてくれた。

交流会議は何かの決定をするわけではない。見解の一致を図るわけでもない。参加者が日ごろ疑問に思っていることを表明し、それに対する先方の答えのなかから深く納得する部分を得たら、それを今後の表現活動に活かしてもらえばそれで十分だ。日本側の交流会議実行委員会ではそう割り切っていた。そのうえで期待していることを一つ挙げよと言われれば、日中の将来について豊かな構想力を持っていてほしい、ということぐらいだった。

私自身はテーブルを囲んだ論議に参加していないが、中国のジャーナリストと話し合う機会は存分にあった。食事の席などで論議を楽しんだ。たとえば、

——広瀬先生も靖国神社に行きますか。

イエス。昔から桜の時期に参拝してきました。

――戦犯の合祀があった後もですか。

ええ、今も。実は恥ずかしいが、最近まで合祀のことは知りませんでした。知った後も、戦犯のことを拝むわけではないから。ほとんどの人は戦争で失った近親者や近所の親しかった人のために参拝しているのです。

――先生もそうですか。

私の近親者には、さいわいに戦死者はいませんでした。しかし私よりも五、六歳年長の先輩たちは学徒動員で戦場に送られ、たくさん亡くなった。彼らの無念の気持ちを、同世代の人間として忘れたくないのです。靖国は本来、政治と無関係だし、今もそうですよ。

――それなら、なぜ閣僚がそろって参拝するのですか。

なぜだろう。私にもわからない。ただ言えるのは、これまで参拝しなかったのに大臣になって初めて参拝した人も多いということ。

――えっ。すると、中国や韓国で問題になってから派手な参拝が始まったと?

そうです。だから日中のメディアが放っておけば、拍子抜けして閣僚の行列参拝はなくなると思っています。

ジャーナリスト交流会議の企画に対して、一つ懸念があった。こうである。中国は共産党一党支配の国だ。民主主義国家のように、個々の記者に表現の自由が保障されているわけではない。彼らが日本の政治や社会を批判するとき、それは党や政府の路線に沿ってのことだ。日中のあるべき姿を議論しても、共産党や中国政府の姿勢が変わらなければ、議論は平行線をたどるだけではないだろうか。

この懸念に対して私も成田さんも、次のように考えていた。確かに中国の記者は、日本の記者のように国の政策を自由に批判したり断罪したりはできないだろう。そんなことを期待した企画ではない。ただ中国の党や政府も文化大革命や天安門事件を経て、民意の吸収を重大視するようになった。メディアを宣伝のための機関としてだけではなく、民意吸収の機関とも位置づけるようになった。記者の役割も大きくなっている。そのなかでの交流だ。彼らもまた日本の記者と同様、何かを吸収するはずだ。

私たちの予想は当たったように思っている。自国での汚職事件や事故の際の隠蔽体質について、彼らは憤懣、落胆を丸出しにしていた。日本流にいえば表現の不自由のなかで、できるだけ民衆の声を反映しようとする。足が地についた未来志向である。中国側のメンバーの一人が、所属組織内の共産党の序列のなかで書記に昇進したと聞いた。私は心から祝福した。

交流会議の四年間、中国の経済は高度成長を続け、ついに国内総生産（ＧＤＰ）の順位で日中が逆転し中国が世界二位になった。一方、日本では内閣の短命化や衆参両院のネジレ現象などが重なって政治の無力化が続いた。表現の自由を享受する日本のメディアはそれを存分に非難攻撃したが、それによって必要な諸改革が進んだ痕跡はない。自由だからといってそう威張れたものではないな、と自覚せざるを得なかった。

【資料Ⅰ】日中ジャーナリスト交流会議の経緯

鈴木裕美子

「まずは話し合おう」

二〇〇四〜二〇〇五年当時の日中関係は「冬の時代」といわれた。小泉純一郎首相の靖国神社参拝、北京のサッカー・アジア杯決勝戦での反日騒動、東シナ海ガス田問題、中国の原子力潜水艦の日本領海侵犯などをめぐって、日中間では非難の応酬が続き、メディアも必ずしも冷静ではなかった。

「戦争はもういやだ」「まず、話し合おうじゃないか」。小学五年生のときに終戦を迎えた体験を持つ田原総一朗氏は、日中両国が不幸な歴史を乗り越えるために「話し合う」ことの大切さを身にしみて感じていた。波風が絶えない日中関係に危機感を抱いた田原氏は「隣人同士がこれではまずい」と、旧知の趙啓正（中国国務院新聞弁公室主任）、王毅（駐日中国大使）両氏に相談した。日本では盟友である成田豊（電通最高顧問）、広瀬道貞（民放連会長）両氏に「日中のジャーナリストが腹を割って話し合える交流会議を立ち上げたい」と打ち明けた。二〇〇六年秋のことだった。

実は、田原氏がキャスターを務めていた「サンデープロジェクト」（テレビ朝日・朝日放送）では、二〇〇五年の戦後六〇周年記念として、香港の衛星テレビ・フェニックステレビと組んで「日中大討論」を放送した経緯がある。「反日」「嫌中」ムードが日中両国を覆っているなかでの企画だった。

フェニックステレビは中国本土に四億人の視聴者を持つとされる。「一国二制度」のもと、本土より「言論の自由」があるとされる香港だが、フェニックステレビ内部では、「日本の言い分」を紹介するような番組を本土向けに放送するのはいかがなものかと、視聴者の反応を懸念する声が上がったという。ところが、いざ放送してみると、意外にも「日本人はそんなことを考えていたのか」という前向きな反響があった。「まず、話し合おうじゃないか」の第一歩であった。

二〇〇六年一〇月、安倍晋三首相が訪中し、胡錦濤国家主席と会談するころには、状況は好転の兆しを見せ始め、二〇〇七年秋、福田康夫首相が就任すると、「春を待つ日中関係」といわれるようになっていった。

成田、広瀬、田原の三氏は「日中ジャーナリスト交流会議」実現に向けて動き出した。三人は戦争を知る世代だ。これまでも、日本と近隣諸国との交流に心を砕いてきた。日中ジャーナリスト交流会議は、オールジャパンを目指した。当初は二〇〇七年の日中国交正常化三五周年の記念イベントにならないかと、経済界に協力を求めたが、実現には至らなかった。

そこで、日本画家の平山郁夫氏（日中友好協会会長）が会長となり、日中ジャーナリスト交流会議発起人会（のちに実行委員会）が発足した。電通とテレビ朝日が事務局となって、実務を担った。

会議はスポンサー各位の協力で運営されることになった。当代一流のジャーナリストたちに無報酬のボランティアで参加していただいた。事務局は「経験だけが報酬。大先輩である成田、広瀬、田原三氏の志に接していただきたい」と無理なお願いをした。会議の準備は着々と進んだものの、お互いに体制の異なる日中のジャーナリストたちが、建前ではない、率直な意見交換が本当にできるのかなど、不安要素は山積していた。

ロングランの熱い大論戦

二〇〇七年一二月、東京のNHK千代田放送会館で、第一回日中ジャーナリスト交流会議が開催された。第一回は文字通り手探りの会議であった。中国側の参加者たちは新聞、テレビ、通信社などに所属するベテランジャーナリストたちで、国務院新聞弁公室が人選に関与していることもあって事前に会議の目的などを打ち合わせたうえで会議に臨んでいた。一方、日本側は完全な民間ベース、しかも参加者たちはいずれも多忙を極める人たちであるため、事前の顔合わせなどは一切なく、文字通りのぶっつけ本番で会議の朝を迎えた。

「忌憚《きたん》のない意見交換をしたい。本音で語り合いたい」。そのために、会議は非公開とし、同時通訳付きで、二日間ぶっ通しで討論を行う。専門分野も経験も全く異なる、日中合わせて一五人のジャーナリストがいったいどんなふうに話し合うのか。海のものとも山のものともわからない会議が始まった。

結果は、熱い二日間となった。社交辞令はなかった。建前も、ほとんどなかった。相手の出方を注意深く見守りながら、それぞれの豊かな取材経験に基づく意見が披露された。「歴史認識」などをめぐって激しい応酬があったものの、対立や非難を繰り返すだけの不毛な日中関係であってはならないという認識は双方が共有していた。

初めての日中ジャーナリスト交流会議は約一〇時間に及ぶ大論戦を経て終了した。共同委員長を務めた成田氏は総括のあいさつで「美しい会議だった」と結んだ。詩的な表現に、青年期に戦争を体験された成田氏の思いがにじみでていた。

第一回会議の合間の一一月二七日、中国人ジャーナリストたちは官邸を訪れ、福田康夫首相を表敬した。

一行が「中日関係が早く春を迎えることを期待している」とあいさつすると、福田首相は「すでに春が来ている」と応じ、中国人ジャーナリストたちはこの訪問を「春の旅の物語」と形容した。

会議は日中各一回の開催を一セットとし、都合が許す限り一回目の参加ジャーナリストに二回目も参加してもらうという形で運営された。約半年のインターバルを置いて論点を熟成させると同時に、その時点での新しいトピックスを俎上に載せ、より中身の濃い討論を目指そうとの狙いからだ。かくして、第二回会議は二〇〇八年三月、北京で開かれた。

日本側一行が北京のホテルに滞在中、北京五輪の聖火リレーのテレビ映像にフリーチベットの旗が映った瞬間、画面がブラックアウトするという出来事があった。日本人ジャーナリストたちは会議ですぐさま中国側に事の是非を問うた。先方から返ってきたのは「あってはならないことだ」という、当局の報道検閲を非難するコメントだった。非公開だからこそ、政府批判ができるのか、あるいは体制内のエリートだから言えるのか、それとも人気ジャーナリストとしての自信のなせる業なのか。日本側は、この思い切った発言に、ジャーナリストとしての気概と中国メディアの変化の兆しを感じた。

三月二六日、日本人ジャーナリストたちは人民大会堂に習近平国家副主席を表敬した。習副主席は、直近の全国人民代表大会（全人代）で副主席に選出されたばかりで、中央指導者として日本メディアに会うのは初めてのことだった。

日中の青年たちとも交流

第三回は二〇〇八年一二月に東京で、また第四回は二〇〇九年一二月に四川省成都で、それぞれ開催された。会議で得た知見を内輪だけのものとせず、社会に還元したらどうだろうか。そんな方向で話がまとまり、第三回、第四回では非公開の会議は別として、場外で討論の成果を若い人たちと分かち合おう、ということになった。第三回の東京では会議メンバーが慶應義塾大学で学生たちとシンポジウムを開き、第四回の成都でも同じく会議メンバーが地元の青年代表たちとの交流会に臨んだ（なお、東京では、中国側の強い要望で読売新聞の渡邉恒雄主筆への表敬も行われた。中国人ジャーナリストたちの疑問は、日本ではなぜ首相がころころ代わるのか、というものだった）。

成都の青年たちとの交流会は印象深いものだった。ひとしきり、過去の戦争をめぐるやりとりがあった。ある女性は、まったく日本語を話せない父親が日本を旅行し、日本人に親切にされて帰ってきたというエピソードを紹介し、「こんなにも美しく素晴らしい国が、なぜあのような残酷な戦争をしたのか」と日本側に問いかけた。

「ヒューマニティーの問題。戦争の残酷さは、人間の最も醜い部分が引き起こしたものだ」と答えたのは、中国生まれの日本人ジャーナリストだった。女性は「あの戦争で日本人が三〇〇万人以上も亡くなったとは知らなかった。今回、靖国神社参拝は戦没者を弔うためのものということは理解できた」と言った。そして、「未来の話をしましょう」と静かに結んだ。

会議を重ねるにつれ、お互いへの理解は少しずつ深まっていった。もっとも、第四回会議までの道のりは、順調とは言いがたかった。当初は、四川大地震から一年後の二〇〇九年五月に、成都での開催が予定されていた。中国側事務局は「ぜひ日本人ジャーナリストに四川大地震の復興の現場を見てもらいたい」との思いから、四川省政府と開催準備を進めていたのだが、鳥インフルエンザの影響で順延を余儀なくされ、同年一二月に改めて成都で開催することになった。

ところが、一一月末、日本側一行が北京に入り、国内便に乗り換えて成都へ向かおうとしたところ、北京空港は不意の雪に襲われて大混乱。搭乗を予定していた便の欠航で一行は足止めを食ってしまい、成都入りが大幅に遅れた。経済発展を誇示する中国ではあるが、ソフト面の運営の拙劣さや、一見近代的な巨大空港の脆弱さを実感する旅となった。

お互いの距離は縮んだ

二〇一〇年四月に東京で行われた第五回会議では、日中ジャーナリスト交流会議の成果をテレビで公開しようと、NHKの協力で一時間番組の収録を行った。番組はNHK BSで放送され、同じ収録テープをもとに、香港のフェニックステレビが番組化し、放送した（中国中央テレビでの放映も期待されたが、実現しなかった。これは憶測だが、微妙な日中関係に関する率直な討論をそのまま中国国内で放映することは政治的に難しかったのかもしれない）。

次の第六回会議は二〇一〇年一一月、北京で開催する予定だった。ところが、直前の九月に尖閣諸島沖で中国漁船衝突事件が起きた。日本側関係者の間からは「だからこそ、予定通り会議を開こう」との声も上がったが、日中関係が流動化するなかで、第六回会議のホストである中国側の事務作業が滞ってしまい、結局、「中国側ジャーナリストの都合がつかない」という理由で延期となった。

仕切り直しの結果、第六回会議は二〇一一年三月に開催することが決まった。しかし、これも直前に東日本大震災が起きたことから、中止せざるを得なくなった。「会議が中国で開かれるときには必ず何か起きる」との関係者の嘆きの声も聞かれるなか、またも会議は先送りされることになった。

同年七月末、中国浙江省温州で高速鉄道事故が発生した。この事故の報道にからんで、日中ジャーナリスト交流会議の中国側参加者の一人が所属するテレビのプロデューサーが政府批判を理由に更迭される事態まで起きた。政府の不手際を厳しく追及する中国メディアの姿勢に、日本のジャーナリストたちは隔世の感を抱いた。九月になって北京で開催された第六回会議の席上、日本側参加者の一人は「今回の事故での中国メディアの報道姿勢に心から敬意を表する。日本のメディアにここまでの覚悟があるだろうか」と述べた。中国人ジャーナリストたちは「中国では国が小さくなり、国民が大きくなった」と語った。そうした変化のなかで、今や情報面ではインターネットが先行し、そのネットに既成メディアが批判されるようになっていること、そこに所属する自分たちもまた批判の対象になっていることなどが明かされた。中国でもメディアは商業主義と無縁ではなくなってきているとの指摘もあった。

会議は当初三年六セットの予定だったが、結局、足掛け五年をかけて終了した。中国製毒ギョーザ事件、チベット騒乱、四川大地震、北京オリンピック、リーマンショック、世界金融危機、鳥インフルエンザ、尖閣諸島問題、ノーベル平和賞、ユーロ危機、ジャスミン革命、東日本大震災、福島第一原発事故、高速鉄道事故など、次々と大きな事件・事故が起きた。二〇一〇年には中国が日本を抜いて国内総生産（ＧＤＰ）世界第二位となった。

日本側は計六回の会議に政治、経済、国際、中国問題など専門分野も多様な三〇〜七〇代のジャーナリストたちがメディア系列を超えて参加した。中国側は官製メディアに所属するジャーナリストが中心メンバーではあったものの、民間や地方のジャーナリストたちも参加した。日中関係は依然として不安要因を抱え、磐石とは言いがたい状況が続いているが、ジャーナリスト同士の距離は確実に縮まった。怒鳴ったり、笑ったり、お互いの悩みが一致したりと、さまざまな場面がくり広げられた。相手に対する新しい発見があり、それがまた自らを省みる好機ともなった。とくに、四川大地震、東日本大震災の報道では、日中双方が被災者の困難に共感し、国民感情が近づいた。メディアは大きな役割を果たした。

第六回会議の総括で、ジャーナリズム界の重鎮である広瀬道貞共同委員長は「メディアは国民感情を背負っている。相互理解は難しいけれど、努力していく必要があると思う」と、交流継続への決意を述べた。

この五年の間に、初代会長の平山郁夫画伯、参加ジャーナリストの影山日出夫NHK解説委員が亡くなり、二〇一一年一一月には成田豊共同委員長が逝去された。日中関係の豊かな未来を願う方々だった。あらためてご冥福をお祈りし、故人のご遺志を受け継ぎたい。この会議が第二期をスタートさせ、さらに多くの友情が花開くことを願って——。

【資料Ⅱ】日中ジャーナリスト交流会議（第一回〜第六回）の概要

◆第一回会議（東京）二〇〇七年一一月二六日（月）〜二七日（火）

①テーマ

・日中両国の報道の違い——首脳相互訪問に関する報道を中心に
・日中両国の報道の違いが生まれた要因
・アジア、さらに世界のなかの日中関係において、両国のメディアはどのように積極的役割を果たすべきか

②参加者（肩書きは当時、順不同）

〔日本側〕

田原総一朗（ジャーナリスト、「サンデープロジェクト」キャスター）
影山日出夫（NHK解説委員、「日曜討論」司会者）
黒岩祐治（フジテレビ解説委員、「報道2001」キャスター）
加藤千洋（朝日新聞編集委員、「報道ステーション」コメンテーター）
藤野　彰（読売新聞編集委員）

秋田浩之（日本経済新聞政治部次長兼編集委員）
中川　潔（共同通信社外信部担当部長）
〔中国側〕
劉　北憲（中国新聞社常務副社長、編集長）
陳　小川（中国青年報編集長）
何　加正（人民網総裁）
王　大軍（新華社国際部編集委員、中日新聞事業促進会副会長）
白　岩松（中国中央電視台キャスター）
黄　海波（フェニックスTV特集総監、キャスター）
王　衆一（人民中国編集長）
呉　垠（零点研究諮詢グループ副総裁）
③関連の活動
・中国側、首相官邸に福田康夫首相を表敬訪問
・中国側、民主党本部を表敬訪問
・中国側、共同通信社を見学

◆第二回会議（北京）二〇〇八年三月二四日（月）〜二五日（火）
①テーマ
・突発事件の報道の違い——ギョーザ事件ほかを巡って

・日中双方が関心を持つホットニュースの報道方法――北京五輪、G8サミットを中心に
・日中メディア協力の具体像
②参加者（肩書きは当時、順不同）
〔日本側〕
田原総一朗（ジャーナリスト、「サンデープロジェクト」キャスター）
島田敏男（NHK解説委員、「日曜討論」司会者）
黒岩祐治（フジテレビ解説委員、「報道2001」キャスター）
加藤千洋（朝日新聞編集委員、「報道ステーション」コメンテーター）
藤野　彰（読売新聞編集委員）
秋田浩之（日本経済新聞政治部次長兼編集委員）
中川　潔（共同通信社外信部担当部長）
〔中国側〕
劉　北憲（中国新聞社常務副社長、編集長）
陳　小川（中国青年報編集長）
何　加正（人民網総裁）
王　大軍（新華社国際部編集委員、中日新聞事業促進会副会長）
白　岩松（中国中央電視台キャスター）
黄　海波（フェニックスTV特集総監、キャスター）
王　衆一（人民中国編集長）
鄭　慶東（経済日報編集委員）

③関連の活動
・日本側、人民大会堂に習近平国家副主席を表敬訪問
・日本側、北京五輪会場で準備状況を視察

◆第三回会議（東京）二〇〇八年一二月一日（月）～二日（火）
①テーマ
・日中間の報道の違いと世界を目指した日中関係のために
・北京オリンピックをめぐって
・食の安全、四川大地震、防衛省前空幕長懸賞論文問題などをめぐって
・金融危機、北朝鮮など激動する世界情勢を日中両国のメディアはいかに報道すべきか。オバマ政権誕生後の日米中三国関係について
・両国関係だけにとどまらぬ世界情勢報道にあたって日中のジャーナリズムが協力できることは何か
②参加者（肩書きは当時、順不同）
〔日本側〕
田原総一朗（ジャーナリスト、「サンデープロジェクト」キャスター）
乾　正人（産経新聞政治部長兼論説委員）
加藤千洋（朝日新聞編集委員）
田勢康弘（早稲田大学大学院公共経営研究科教授、日本経済新聞客員コラムニスト）
田丸美寿々（ＴＢＳ「報道特集ＮＥＸＴ」アンカー）

富坂　聰（フリージャーナリスト、「週刊文春」「文藝春秋」など）
道傳愛子（NHK解説委員）
藤野　彰（読売新聞編集委員）
渡辺陽介（共同通信外信部担当部長、前中国総局長）

〔中国側〕

劉　北憲（中国新聞社常務副社長、編集長、中国新聞週刊社長）
陳　小川（中国青年報編集長）
馬　為公（中国国際放送局副編集長兼国際オンラインネット編集長）
白　岩松（中国中央電視台キャスター）
王　大軍（新華社国際部編集委員、中日新聞事業促進会副会長）
黄　海波（フェニックスTV特集総監、「時事討論会」番組キャスター）
王　衆一（人民中国副社長、編集長）
孟　宇紅（環球時報副編集長）
呉　四海（上海文広新聞伝媒集団、外国語チャンネル番組「日中の架け橋」プロデューサー、キャスター）
袁　岳（フリージャーナリスト）

③関連の活動

・慶應義塾大学にて日中ジャーナリストと学生のシンポジウムを開催
・中国側、読売新聞グループ本社の渡邉恒雄会長・主筆を表敬訪問

◆第四回会議（成都）二〇〇九年一一月二日（月）〜三日（火）

①テーマ

・近年、国際・国内情勢の発展、変化に伴って、日中メディアの報道に生じる関心事のギャップ
・国際金融危機が日中のメディアにもたらしたチャンスとチャレンジ
・日本の政権交代と日中メディアの対中・対日報道
・メディアの報道が国民感情に与える影響、国民感情の改善におけるメディアの役割と責任

②参加者（肩書きは当時、順不同）

〔日本側〕
田原総一朗（ジャーナリスト、「サンデープロジェクト」キャスター）
乾　正人（産経新聞政治部長兼論説委員）
加藤千洋（朝日新聞編集委員）
田勢康弘（早稲田大学大学院公共経営研究科教授、日本経済新聞客員コラムニスト）
富坂　聰（フリージャーナリスト、「週刊文春」「文藝春秋」など）
道傳愛子（ＮＨＫ解説委員）
藤野　彰（読売新聞編集委員）
渡辺陽介（共同通信外信部担当部長、前中国総局長）

〔中国側〕
劉　北憲（中国新聞社社長、中国新聞週刊社長）
陳　小川（中国青年報編集長）
白　岩松（中国中央電視台キャスター）

黄　海波（フェニックスTV特集総監、「時事討論会」番組キャスター）
王　衆一（人民中国副社長、編集長）
楽　紹延（新華社国際部編集委員、原稿最終監修者）
姜　華（北京電視台キャスター）
黄　卓堅（広州日報社副編集長）
③関連の活動
・日中ジャーナリストと四川省青年代表との座談会を開催

◆第五回会議（東京）二〇一〇年四月五日（月）～七日（水）
①テーマ
・ポスト金融危機時代の日米中三国関係
・日中のメディアは金融危機と三国にもたらした変化をどのように報じ、そこにどのような相違があったのか
・三国関係の変化によって、日中のメディアはどのような改革を求められているのか
・新たな日米中三国関係構築に向けて、日中のメディアはどのような協力をしていかなければならないのか
②参加者（肩書きは当時、順不同）
〔日本側〕
田原総一朗（ジャーナリスト、評論家）

秋田浩之（日本経済新聞論説委員兼政治部編集委員）
乾　正人（産経新聞政治部長兼論説委員）
倉重奈苗（朝日新聞国際政治記者）
河野　徹（共同通信社国際局企画委員、多言語サービス室長）
佐々木俊尚（ITジャーナリスト）
富坂　聰（フリージャーナリスト、「週刊文春」「文藝春秋」など）
道傳愛子（NHK解説委員）
藤野　彰（読売新聞編集委員）

〔中国側〕
劉　北憲（中国新聞社社長、中国新聞週刊社長）
陳　小川（中国青年報党委書記、編集長）
馬　為公（中国国際放送局副編集長）
白　岩松（中国中央電視台高級記者、論説委員、キャスター）
黄　海波（フェニックスTV助理副台長、特集総監）
王　衆一（人民中国編集長）
段　吉勇（新華社国際部副主任、高級編集）
姜　華（北京電視台プロデューサー、キャスター）

③関連の活動
・中国側、鳩山由紀夫首相を表敬訪問
・NHK　BS放送にて日中ジャーナリスト代表による討論会を収録、放映。中国では同番組を香港フェ

ニックステレビが放映

◆第六回会議（北京）二〇一一年九月二六日（月）～二七日（火）

①テーマ

・日中メディア協力の新時代を切り拓く

・日中両国と世界の重大突発事件と日中関係への影響――東日本大震災、中国高速鉄道と日中関係

・メディアは重大突発事件をいかに報道し、社会的責任を果たしたか

・日中メディア協力の新時代を切り開くための道筋と方法

・第6回およびファーストステージ（全6回の会議）の総括――セカンドステージに向けて

②参加者（肩書きは当時、順不同）

〔日本側〕

田原総一朗（ジャーナリスト、評論家）

乾　正人（産経新聞編集長）

加藤隆則（読売新聞中国総局長）

加藤青延（ＮＨＫ解説主幹）

倉重奈苗（朝日新聞政治部記者）

河野　徹（共同通信社国際局企画委員兼多言語サービス室長）

西村豪太（東洋経済新報社名古屋支社編集部副部長兼国際業務室）

田勢康弘（日本経済新聞客員コラムニスト、政治ジャーナリスト）

富坂　聰　（フリージャーナリスト、「週刊文春」「文藝春秋」など）

〔中国側〕

劉　北憲　（中国新聞社社長、中国新聞週刊社長）

陳　小川　（中国青年報党委書記、編集長）

馬　為公　（中国国際放送局副編集長）

白　岩松　（中国中央電視台高級記者、論説委員、キャスター）

黄　海波　（フェニックスＴＶ助理副台長、特集総監）

王　衆一　（人民中国編集長）

袁　岳　（フリージャーナリスト、コラムニスト）

姜　華　（北京電視台プロデューサー、キャスター）

◆主催

〔日本側〕日中ジャーナリスト交流会議実行委員会（第一回〜第二回は発起人会）

〔中国側〕中華人民共和国国務院新聞弁公室

◆後援

〔日本側〕外務省、国際交流基金、新日中友好二一世紀委員会

〔中国側〕中華人民共和国外交部

◆協力（五〇音順）

キヤノン株式会社、社団法人共同通信社、株式会社西武ホールディングス、全日本空輸株式会社、株式会社テレビ朝日、株式会社電通、トヨタ自動車株式会社、日本放送協会、富士ゼロックス株式会社、三菱商事株式会社

◆実行委員会メンバー（順不同。旧役員を除き、肩書きは原則として二〇一一年一〇月時点）

共同委員長：広瀬道貞（日本民間放送連盟会長、テレビ朝日顧問）
成田　豊（日本広告業協会会長、電通名誉相談役）

副委員長　：石川　聰（共同通信社社長）
大橋洋治（全日本空輸会長）
小林陽太郎（経済同友会終身幹事、元富士ゼロックス会長）
後藤高志（西武ホールディングス社長）
橋本元一（日本放送協会会長、二〇〇七～二〇〇八年）
福地茂雄（日本放送協会会長、二〇〇八～二〇一一年）
松本正之（日本放送協会会長、二〇一一年～）

委員　　　：国分良成（慶應義塾大学法学部長）
田原総一朗（「日中ジャーナリスト交流会議」日本側座長）

顧問　　　：小倉和夫（国際交流基金理事長、～二〇一一年）
安藤裕康（国際交流基金理事長、二〇一一年～）
谷野作太郎（日中友好会館副会長、元中国大使）

平山郁夫（日本画家、二〇〇九年一二月逝去）

幹事　：藤ノ木正哉（テレビ朝日報道局長、二〇〇七〜二〇一〇年）

武隈喜一（テレビ朝日報道局長、二〇一〇年〜）

◆事務局

電通　：辻井敏博（事務局長、第三回〜第六回）

佐々木幸則、坂本奈彌、片島康彦、藤原剛史、大野正子

テレビ朝日：大塚芳彦（事務局長、第一回〜第二回）

鈴木裕美子、橋本昇

高橋政陽（ジャーナリスト）

本書の刊行に際して

本書は日中ジャーナリスト交流会議実行委員会の発案によって編まれた。第一回～第六回会議の単なる記録集ということではなく、日本側参加者たちが会議での討論体験を踏まえて、二〇一二年九月に不惑（国交正常化四〇周年）を迎える日中関係の現状、あるいは急速に台頭する中国が直面する諸課題について多角的に論じようというのが企画の趣旨である。「非公開」で行われた会議の概要を広く社会に向けて明らかにし、よりよい日中関係の構築に向けた建設的論議の進展に資したいとの狙いもある。まず、本書に収録したそれぞれの論考は、執筆した参加者の個人的な見解・視点であることをお断りしておきたい。

相手があっての「交流会議」であるため、当初は中国側参加者の原稿も並立的に盛り込む企画を構想した。しかし、今回は時間的制約などの諸事情を勘案し、日本側単独の執筆・編集で出版することになった。当然ながら、本書の内容に関する責任は日本側にある。日中合同の論集については他日を期したい。

築地書館の土井二郎社長には本書企画の意義を十分にご理解いただき、出版を快諾していただいた。また、企画段階でフリー編集者の朝浩之氏から出版実現に向けてのさまざまな助言、協力を得た。筆者のジャーナリストの方々には短期間での原稿執筆をお願いしたが、皆さん快く応じてくださった。中国問題ジャーナリストで北海道大学大学院教授の藤野彰氏（元読売新聞編集委員）には、本書の企画、構成、編集を担当していただき、多大なご苦労をおかけした。お世話になった各位に衷心から感謝の意を表したい。

最後に、これまで日中ジャーナリスト交流会議に参加してくださったジャーナリストの皆さん、新聞・通信・テレビなど関係メディア各社および日中ジャーナリスト交流会議の趣旨に賛同し、支援してくださった協力企業各社に厚く御礼を申し上げたい。

二〇一二年六月一日

日中ジャーナリスト交流会議実行委員会

【執筆者一覧（原稿掲載順）】

田原総一朗（たはら・そういちろう）
1934年、滋賀県彦根市生まれ。早稲田大学文学部卒。岩波映画製作所、テレビ東京を経て1977年 フリーに。政治、経済、メディア、コンピューターなど時代の最先端の問題を捉え、活字と放送の両メディアにわたり精力的な評論活動を続けている。「サンデープロジェクト（1989～2010年）」「朝まで生テレビ！（1987年～）」「激論！ クロスファイア（2010年～）」キャスター。テレビジャーナリズムの新しい地平を拓いたとして1998年、ギャラクシー35周年記念賞（城戸賞）を受賞。著書に『原子力戦争』（筑摩書房）、『電通』（朝日新聞社）、『日本の官僚』（文藝春秋）、『日本の戦争――なぜ、戦いに踏み切ったか？』（小学館）、『日本の戦後 上・下』（講談社）など。

藤野 彰（ふじの・あきら）
中国問題ジャーナリスト、北海道大学大学院メディア・コミュニケーション研究院教授（ジャーナリズム論、現代中国論）。1955年、東京都生まれ。早稲田大学政治経済学部卒。読売新聞社上海特派員、北京特派員、シンガポール支局長、中国総局長（北京）、編集委員（中国問題担当）などを経て現職。主な著書に『嘆きの中国報道』（亜紀書房）、『現代中国の苦悩』（日中出版）、『臨界点の中国』（集広舎）、『客家と中国革命』（東方書店）、『現代中国を知るための40章』（明石書店）。訳書に『殺 劫――チベットの文化大革命』（集広舎）、『わが父・鄧小平「文革」歳月（上下）』（中央公論新社）など。

加藤千洋（かとう・ちひろ）
同志社大学大学院グローバル・スタディーズ研究科教授。1947年生まれ。東京外国語大学卒。朝日新聞北京特派員、アジア総局長（バンコク）、中国総局長（北京）、外報部長、論説委員、編集委員などを経て2010年から現職。「報道ステーション」（テレビ朝日系）コメンテーター。一連の中国報道により1999年度ボーン上田記念国際記者賞を受賞。著訳書に『北京&東京 報道をコラムで』（朝日新聞社）、『胡同の記憶 北京夢華録』（平凡社、後に岩波現代文庫）、『鄧小平 政治的伝記』（共訳、岩波書店）、『勁雨煦風 唐家璇外交回顧録』（監訳、岩波書店）など。

中川　潔（なかがわ・きよし）
一般社団法人共同通信社アジア室長。1957年、横浜市生まれ。京都大学卒。1989年、北京大学に社命研修留学。共同通信社上海支局長、北京特派員、中国総局長（北京）、デジタル戦略チーム長、外信部長などを経て現職。共訳著に『キッシンジャー回想録　中国』（岩波書店）。

富坂　聰（とみさか・さとし）
ジャーナリスト。1964年、愛知県生まれ。北京大学中文系中退。「週刊ポスト」「週刊文春」記者を経て独立。1994年、『龍の「伝人」たち』で第1回21世紀国際ノンフィクション大賞（現在の小学館ノンフィクション大賞）優秀作を受賞。近著に『中国の地下経済』（文春新書）、『中国マネーの正体』（PHPビジネス新書）などがある。

乾　正人（いぬい・まさと）
産経新聞編集長兼論説委員。1962年、神戸市生まれ。筑波大学比較文化学類卒。防衛研究所一般課程修了。1986年産経新聞社入社。新潟支局、整理部、政治部記者、政治部長などを経て2011年4月より現職。ニッポン放送「高嶋ひでたけの朝ラジ！」コメンテーター、2012年より筑波大学経営協議会委員兼任。

西村豪太（にしむら・ごうた）
「週刊東洋経済」副編集長。1969年生まれ。1992年に早稲田大学政治経済学部を卒業し、東洋経済新報社に入社。自動車、小売業、総合商社などの産業取材を担当したのち2004〜2005年、中国社会科学院日本研究所の客員研究員として北京に滞在。帰国後は名古屋支社などを経て2012年4月から現職。

田勢康弘（たせ・やすひろ）
政治ジャーナリスト。1944年10月、中国黒龍江省黒河で出生。山形県白鷹町出身。早稲田大学第一政治経済学部政治学科卒。日本経済新聞社入社。記者歴42年の大半を政治記者として24人の内閣総理大臣を取材。ワシントン支局長、編集委員、米国ハーバード大学国際問題研究所上席研究員、東京大学講師、日経論説副主幹、コラムニストなどを歴任。2006年から4年間、早稲田大学教授。現在、TV東京で「田勢康弘の週刊ニュース新書」（毎週土曜日午前11時半）キャスター。1996年度日本記者クラブ賞受賞。

著書『政治ジャーナリズムの罪と罰』『指導者論』など多数。近著は『国家と政治　激動の時代の指導者像』（NHK出版新書）。

加藤隆則（かとう・たかのり）
読売新聞中国総局長（北京）。1962年生まれ。早稲田大学政治経済学部卒。1986〜1987年、北京語言学院留学。読売新聞入社後、東京社会部で司法・皇室などを担当。2005年7月から上海支局長、2011年6月から現職。著書に『中国社会の見えない掟——潜規則とは何か』（講談社現代新書）、共著に『会長はなぜ自殺したか』（新潮社）、『拝啓　渥美清様』（中央公論新社）、『中国環境報告』（日中出版）、『膨張中国』（中公新書）など。

渡辺陽介（わたなべ・ようすけ）
共同通信社外信部長。1959年生まれ。上智大学卒。1983年、共同通信社入社。上海支局長、香港支局員、ワシントン支局員、中国総局長（北京）を経て2010年6月から現職。著書『中国に生きる』（共著、共同通信社）、論文「北京五輪に向けた報道規制緩和に関する考察」（龍谷大紀要、2009年11月号）、「『称賛』と『批判』から考える——海外メディアは震災をどう伝えたか」（新聞研究、2011年8月号）。

倉重奈苗（くらしげ・ななえ）
朝日新聞政治部記者。1972年生まれ。1995年、慶應義塾大学法学部卒。1997年、同大学大学院法学研究科修士課程を修了し、朝日新聞社入社。和歌山総局でカレー毒物混入事件報道を担当（日本新聞協会賞団体受賞）した後、大阪本社社会部を経て、2004年から東京本社政治部。外務省担当時に日朝交渉や日中関係を取材。2008〜2009年、中国・北京に留学。帰国後は日米核密約、原発事故や米軍再編をめぐる日米協議などを取材。現在、防衛省担当。

秋田浩之（あきた・ひろゆき）
日本経済新聞社論説委員兼編集委員（外交・安保政策担当）。
1987年、自由学園最高学部卒。日本経済新聞入社、編集局流通経済部配属。1991年、米ボストン大大学院（1992年、国際関係論修了）。1992年、編集局国際部。1994年、北京支局。1998年、編集局政治部。2002年、ワシントン支局。2006年、米ハーバード大日米関係プログラム研究委員。2007年、政治部次長兼編集委員（外交・安全保障政策を担当）。2

010年から現職。著書『暗流——米中日外交三国志』（日本経済出版社）、論文「U.S.-China Relations and Management of the U.S.-Japan Alliance」（Occasional Paper for Program on U.S.-Japan Relations at Harvard University, January 2007）

河野　徹（こうの・とおる）

共同通信国際局企画委員兼多言語サービス室長。1955年生まれ。早稲田大学政治経済学部卒。共同通信の北京特派員、上海支局長、中国語ニュース室長などを経て現職。訳書に『董建華——船舶王から〝赤い総督〟へ』（河出書房新社）、『朱鎔基——死も厭わない指導者』（講談社）。

広瀬道貞（ひろせ・みちさだ）

元テレビ朝日会長・社長。前日本民間放送連盟会長。1934年生まれ。慶應義塾大学法学部政治学科卒。朝日新聞社論説委員、名古屋本社代表、専務取締役大阪本社代表を経て全国朝日放送株式会社（現テレビ朝日）代表取締役社長、代表取締役会長、日本民間放送連盟会長（2006〜2012年）を歴任。著書に『補助金と政権党』（朝日新聞社）、『政治とカネ』（岩波新書）など。

鈴木裕美子（すずき・ゆみこ）

テレビ朝日広報局お客様フロント部長。1958年生まれ。1981年、立教大学卒。テレビ朝日入社。「ザ・スクープ」、人事部、社長秘書、1997年、「サンデープロジェクト」プロデューサー（2001〜2006年）。「イラク攻撃の正当性を検証する」で第40回ギャラクシー賞報道活動部門選奨。報道制作担当部長、情報デスク担当部長、2008年より現職。東京大学とテレビ朝日のメディアリテラシー共同研究「ろっぽんプロジェクト」（2007〜2009年度）責任者。

日中の壁

2012年8月1日　初版発行

編者　日中ジャーナリスト交流会議
発行者　土井二郎
発行所　築地書館株式会社
東京都中央区築地 7-4-4-201　〒104-0045
TEL 03-3542-3731　FAX 03-3541-5799
http://www.tsukiji-shokan.co.jp/
振替 00110-5-19057
印刷・製本　シナノ印刷株式会社
装丁　小島トシノブ（NONdesign）

ISBN 978-4-8067-1443-9　C0036

●関連書籍●

文革
南京大学 14 人の証言

董 国強（南京大学歴史学科副教授）【編著】
関 智英＋金野 純＋大澤 肇【編訳／解説】
2,800 円＋税

中国現代史研究をリードする歴史学者が、
さまざまな立場で文革に関わった
14 人の証言から、これまで語られなかった
中国現代史の空白を埋める。
本書を読まずに、中国の明日は語れない！

中国環境リポート

エリザベス・エコノミー【著】
片岡夏実【訳】
2,800 円＋税

人類の近代史上、爆発的な経済発展を続け、
「世界の工場」になった中国。
そのアキレス腱である環境問題を、
米国を代表する外交シンクタンク「CFR」の
アジア研究部長である著者が解説。